Build It!

Make Supercool Models with Your LEGO® Classic Set

VOLUME 1

Jennifer Kemmeter

GRAPHIC ARTS
BOOKS®

Contents

Animal Safari

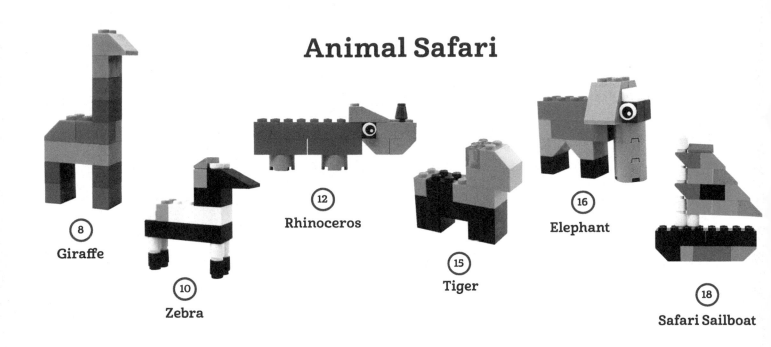

Transportation Station

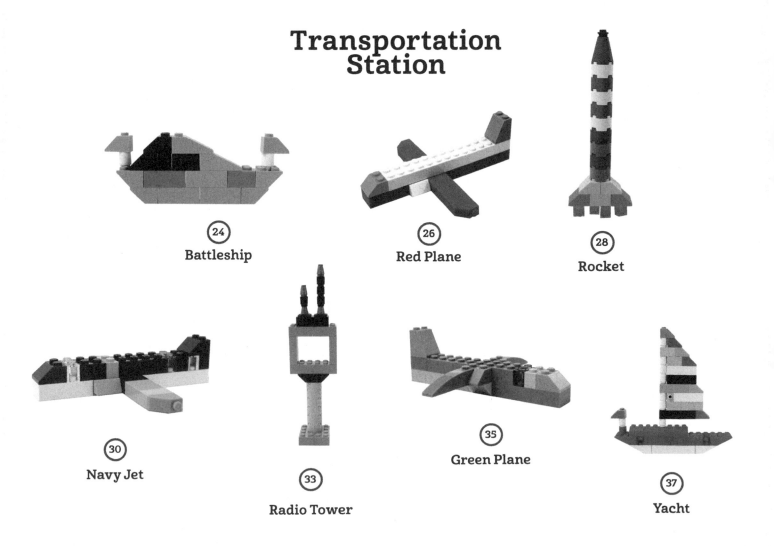

Living Room

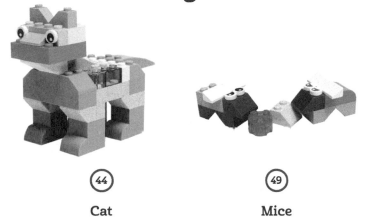

(44)
Cat

(49)
Mice

City Living

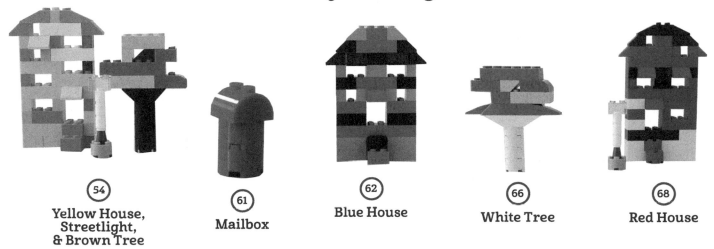

(54)
Yellow House,
Streetlight,
& Brown Tree

(61)
Mailbox

(62)
Blue House

(66)
White Tree

(68)
Red House

Pond in a Park

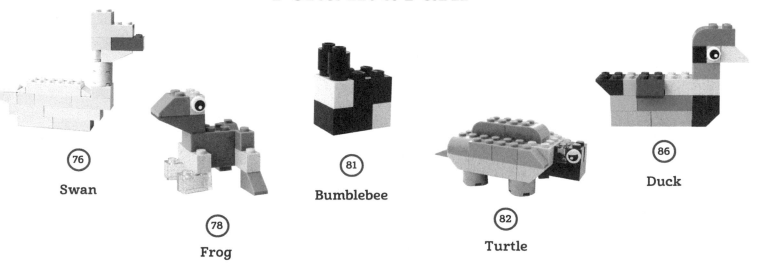

(76)
Swan

(78)
Frog

(81)
Bumblebee

(82)
Turtle

(86)
Duck

How to Use This Book

What you will be building.

Build a Tiger

A photo of what your finished tiger will look like.

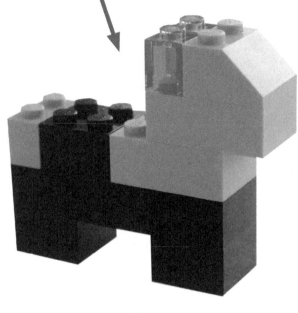

An illustration of the finished tiger that looks like the pictures in the steps.

3x

1x

2x

1x

1x

2x

All the pieces you will need to build the tiger are listed at the beginning of each of the instructions.

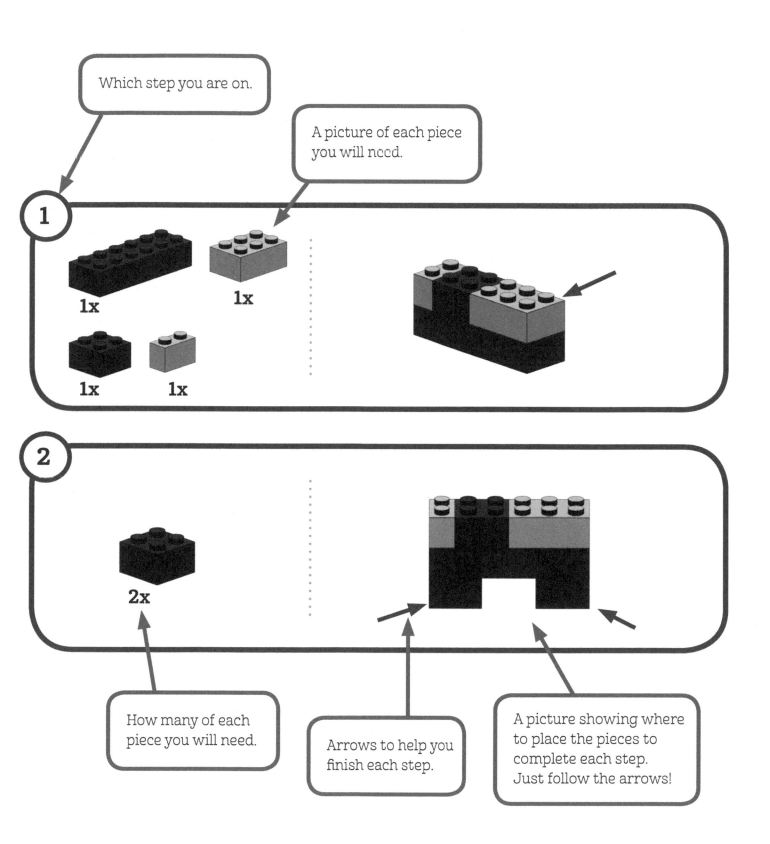

Which step you are on.

A picture of each piece you will need.

How many of each piece you will need.

Arrows to help you finish each step.

A picture showing where to place the pieces to complete each step. Just follow the arrows!

Animal Safari

Giraffe

Tiger

Safari Sailboat

Elephant

Zebra

Rhinoceros

Build
a Giraffe

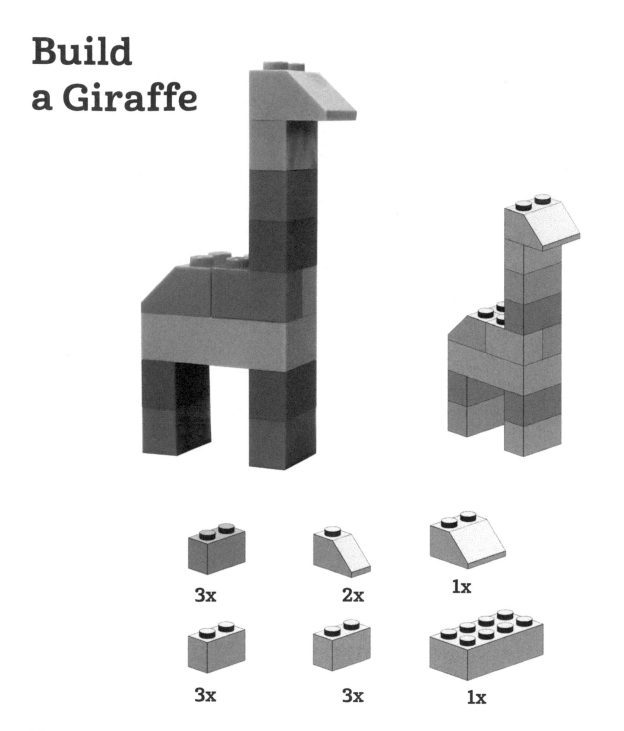

3x	2x	1x
3x	3x	1x

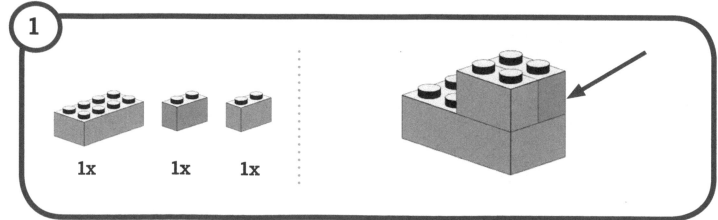

1

1x   1x   1x

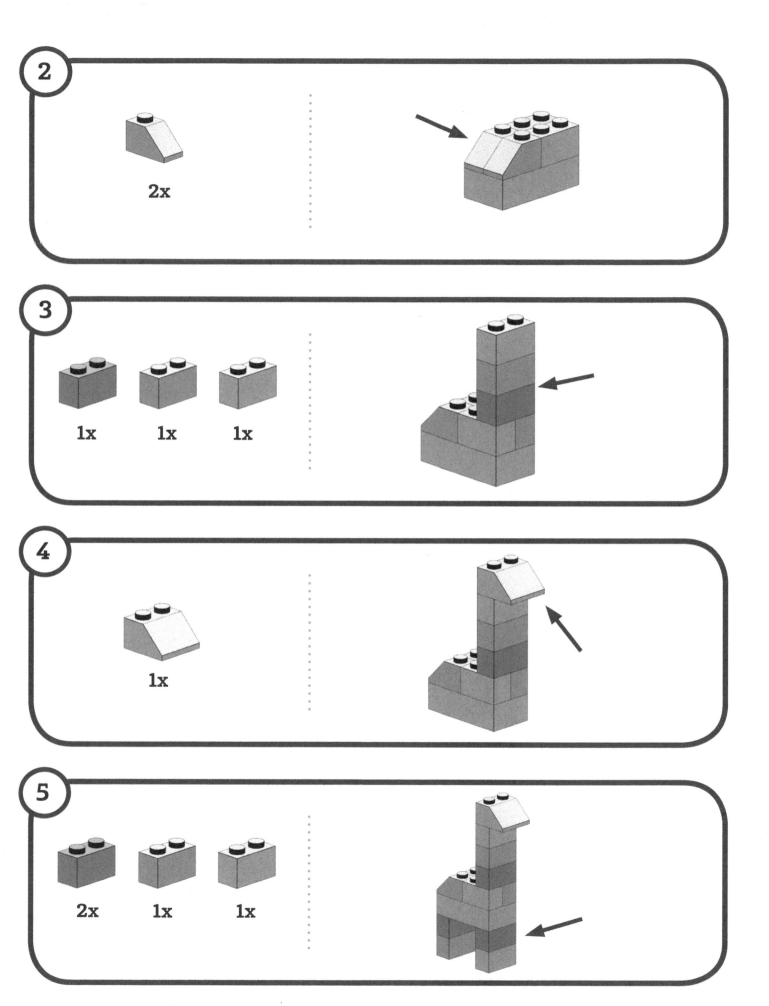

Build a Zebra

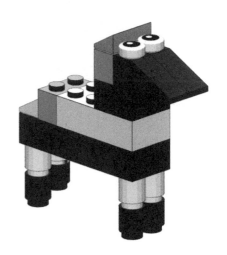

 4x

 1x

 2x

 1x

 1x

 2x

 1x

 2x

 4x

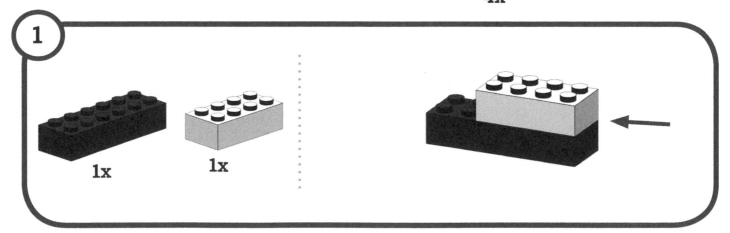

1

1x 1x

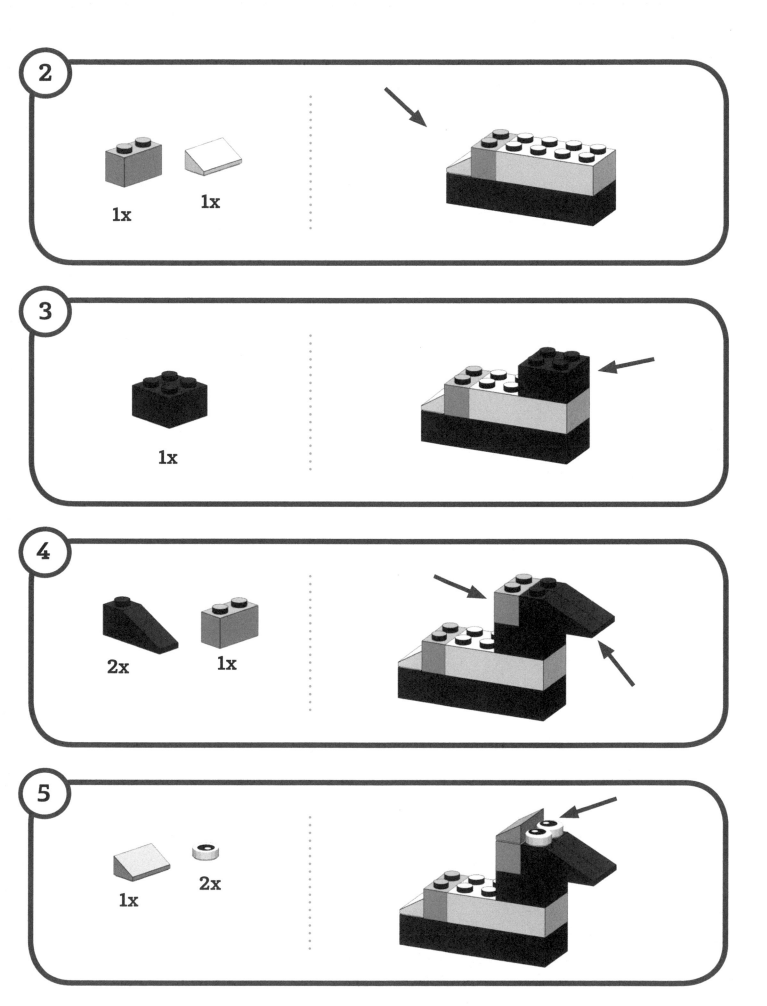

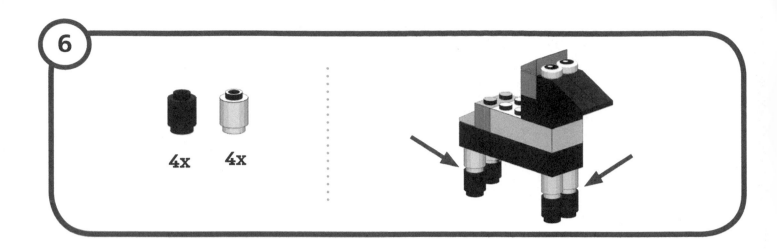

4x   4x

Build a
Rhinoceros

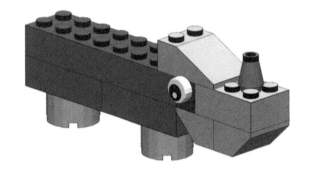

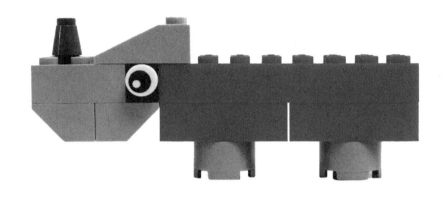

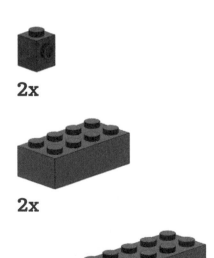

2x

2x

1x

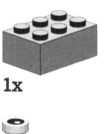

1x

2x

2x

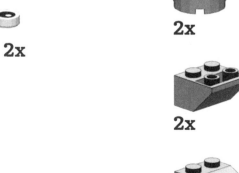

1x

2x

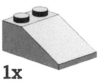

1x

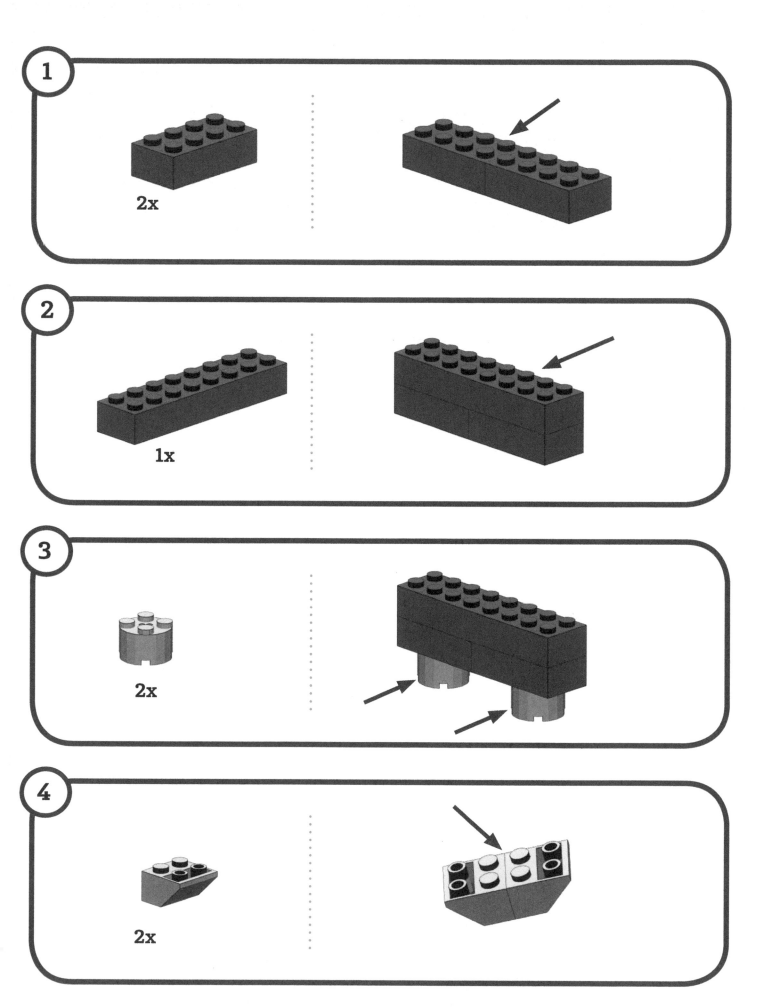

1

2x

2

1x

3

2x

4

2x

13

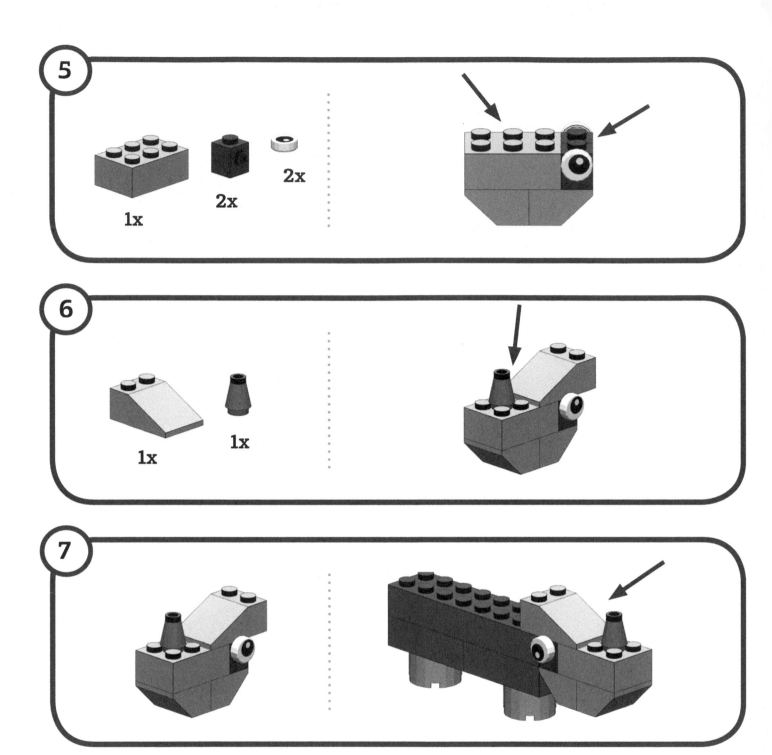

Build a Tiger

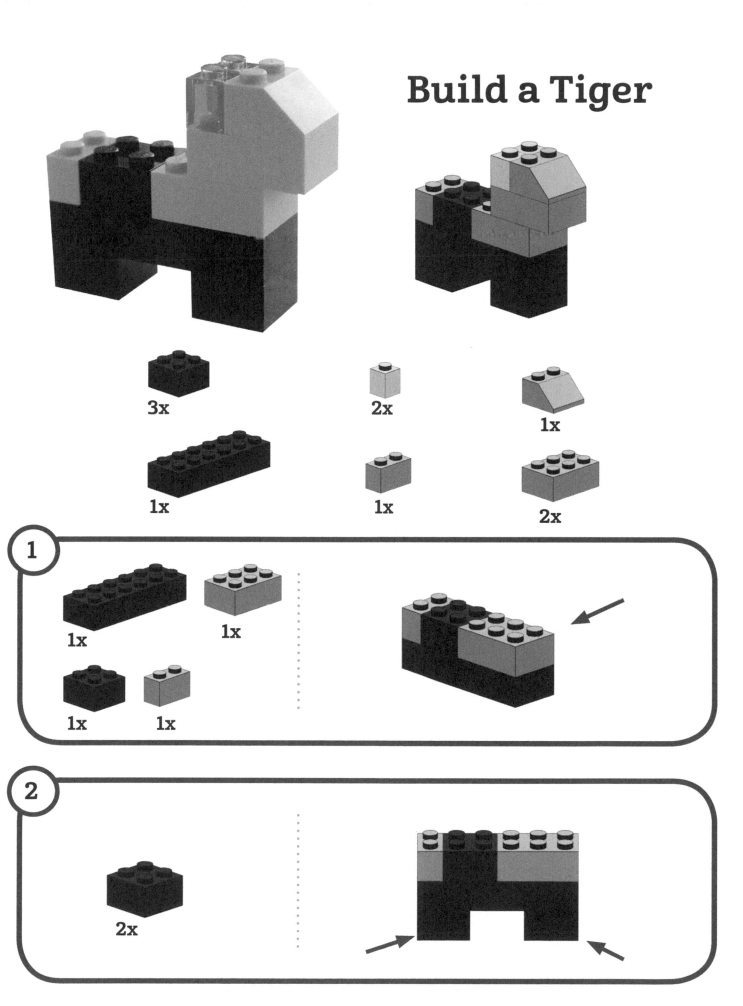

3x

2x

1x

1x

1x

2x

1

1x 1x

1x 1x

2

2x

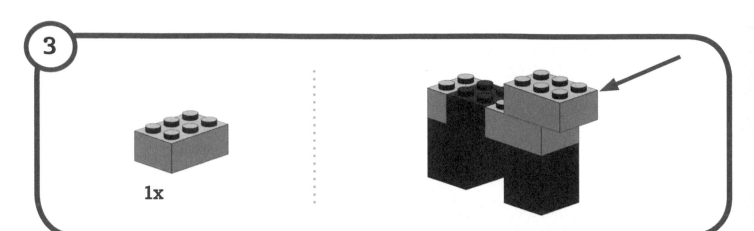

3

1x

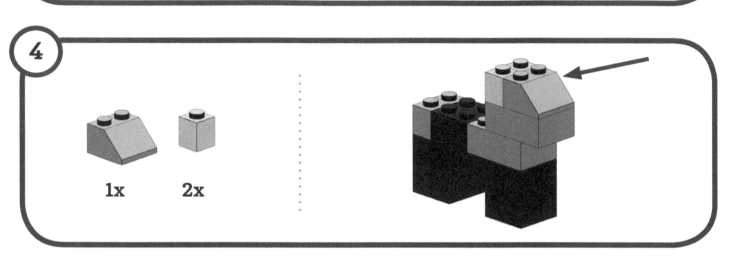

4

1x   2x

Build an Elephant

2x

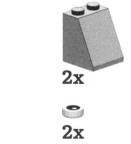
2x

2x

2x

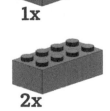

1x

1x

1x

1x

2x

3x

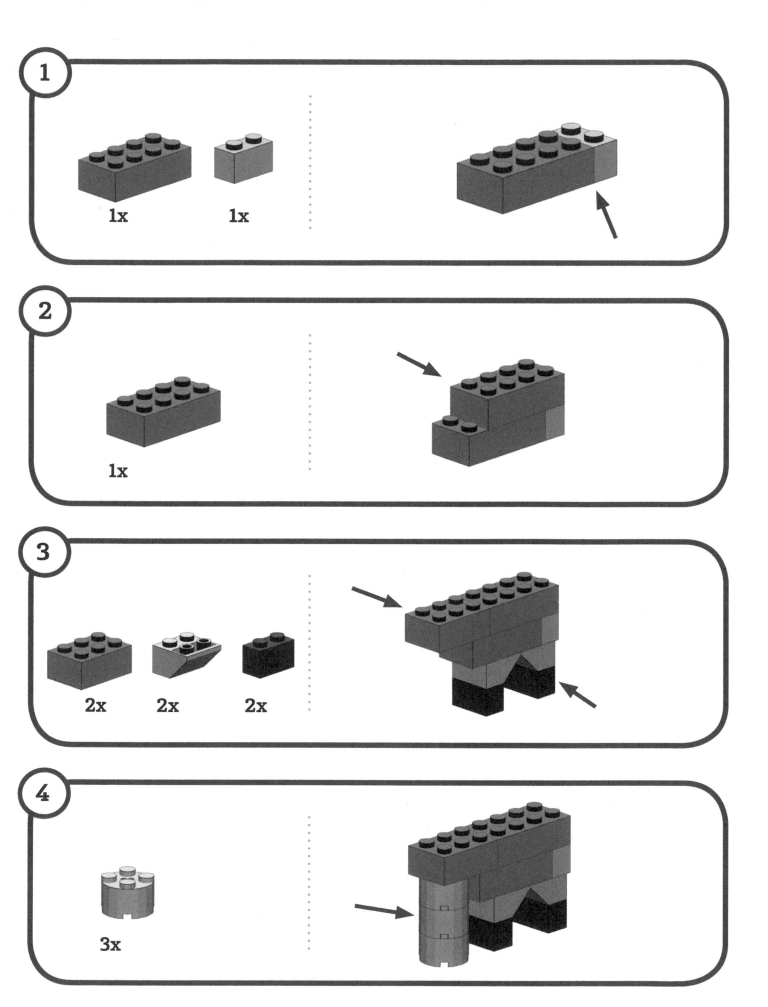

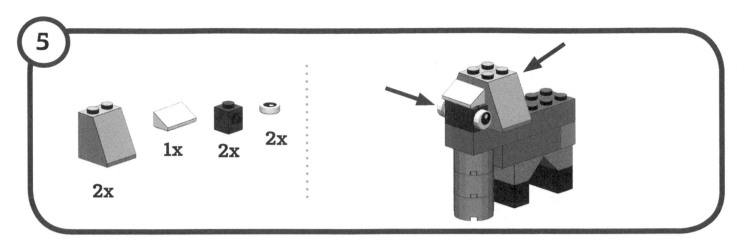

Build a Safari Sailboat

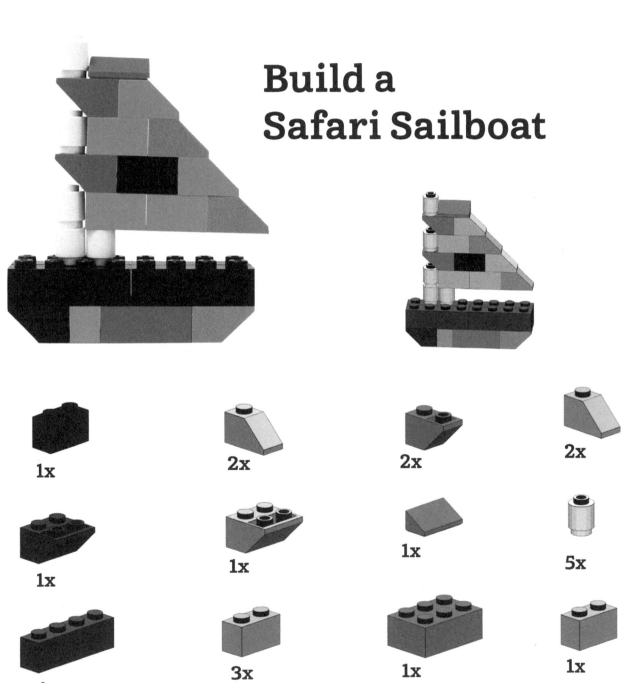

1x

2x

2x

2x

1x

1x

1x

5x

4x

3x

1x

1x

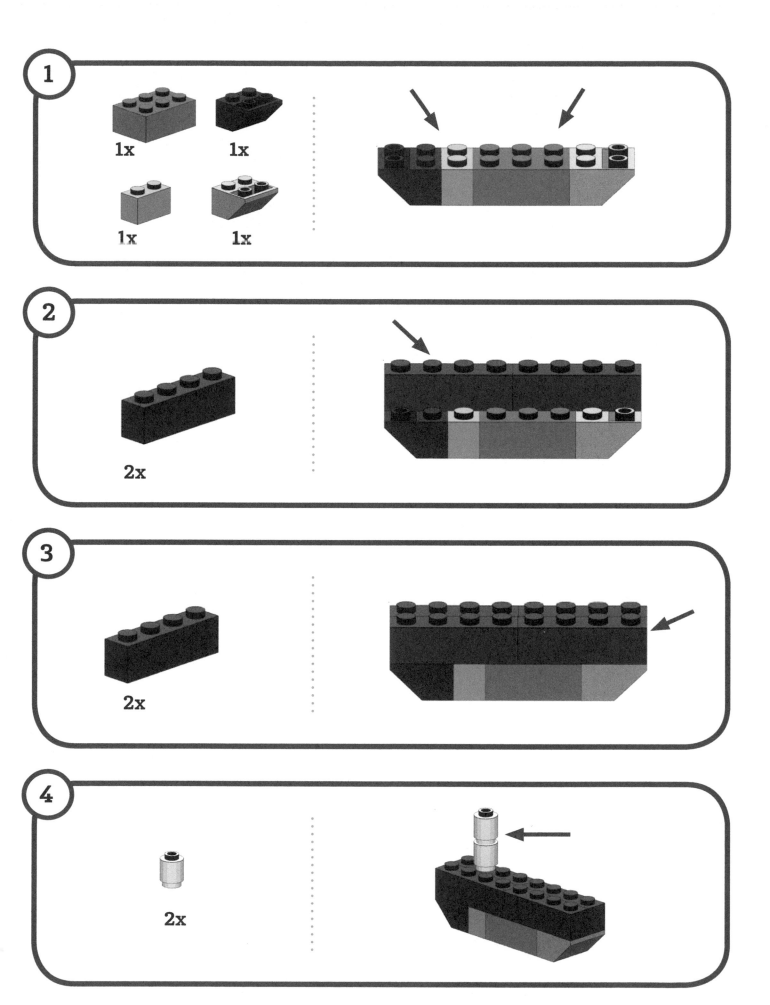

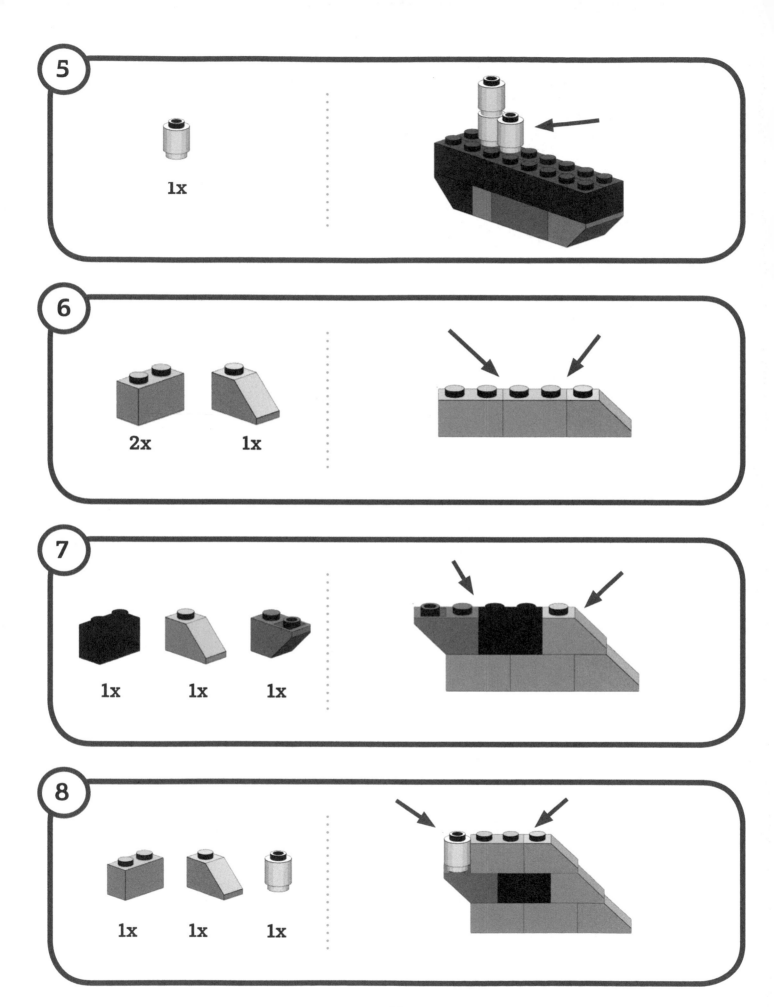

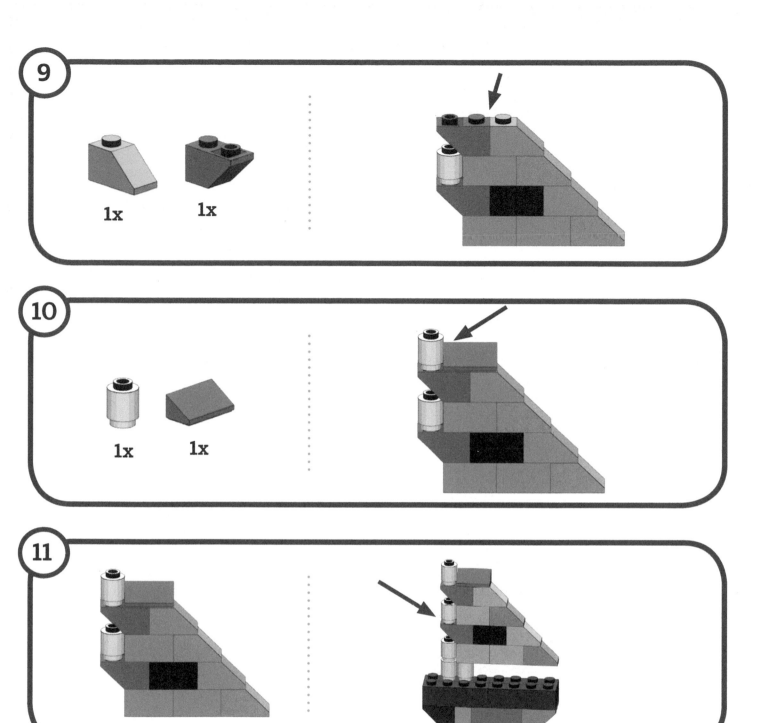

Transportation Station

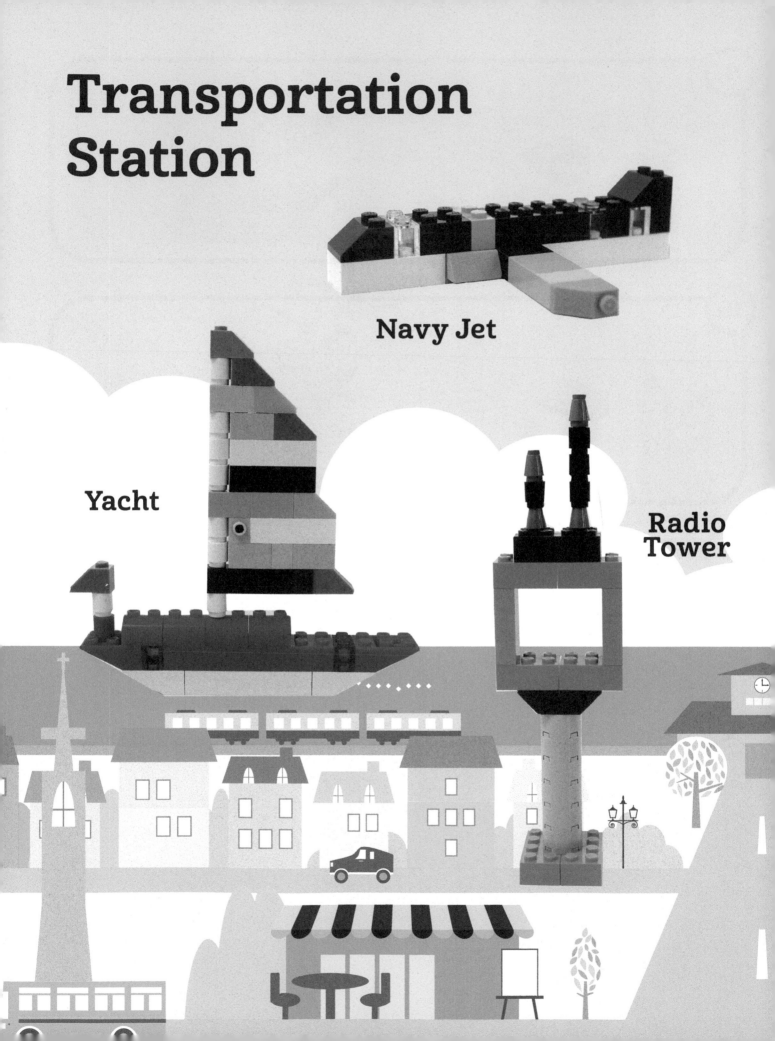

Navy Jet

Yacht

Radio Tower

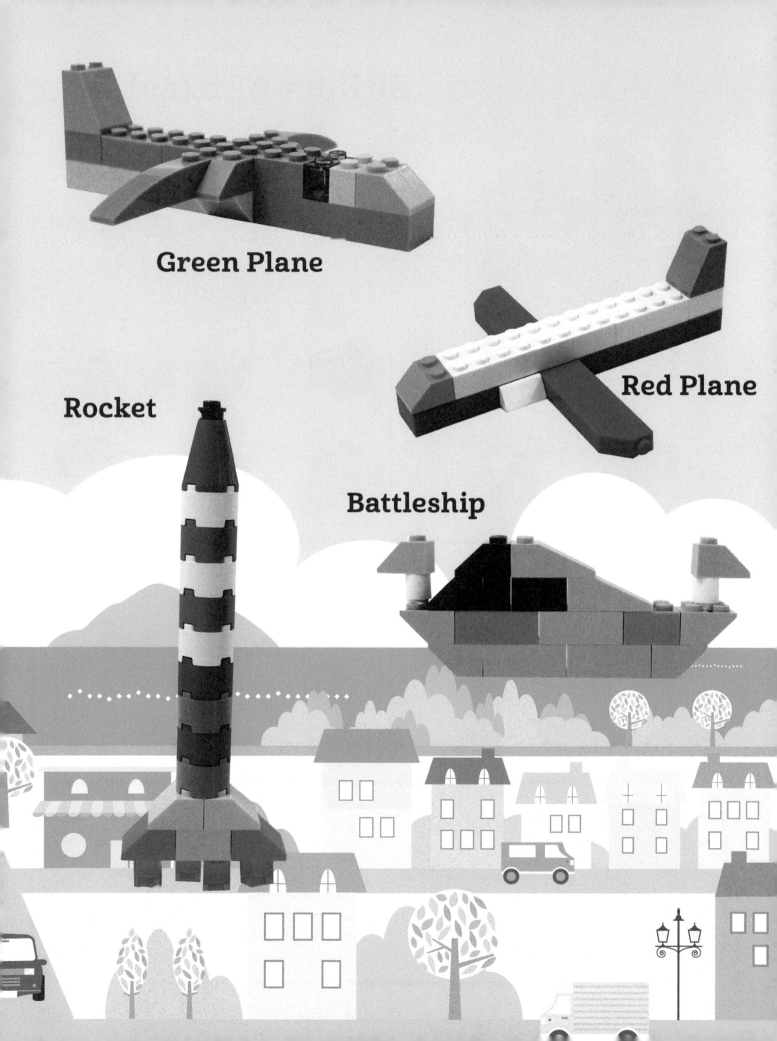

Green Plane

Red Plane

Rocket

Battleship

Build a Battleship

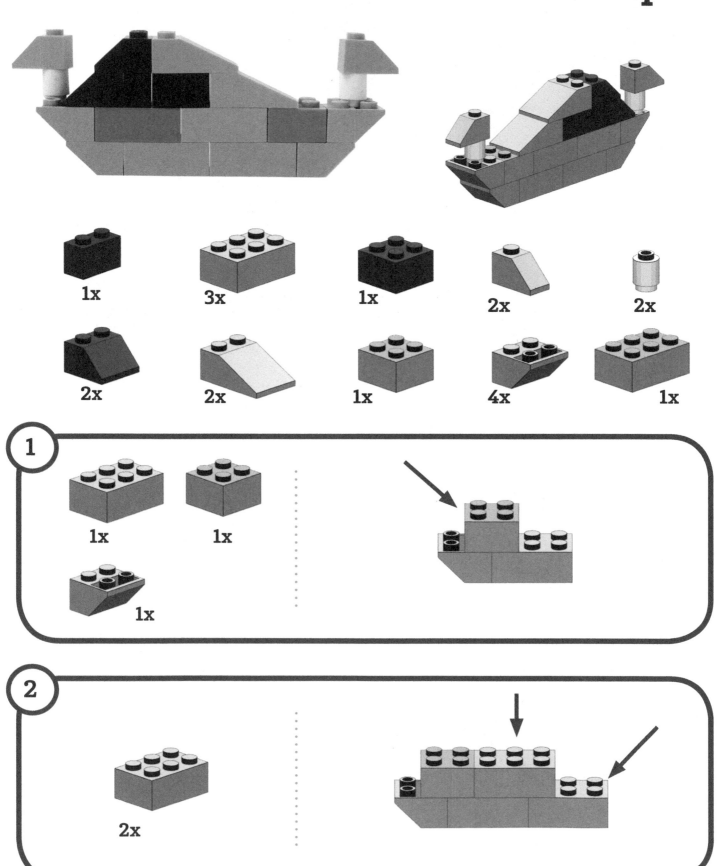

1x   3x   1x   2x   2x

2x   2x   1x   4x   1x

1

1x   1x

1x

2

2x

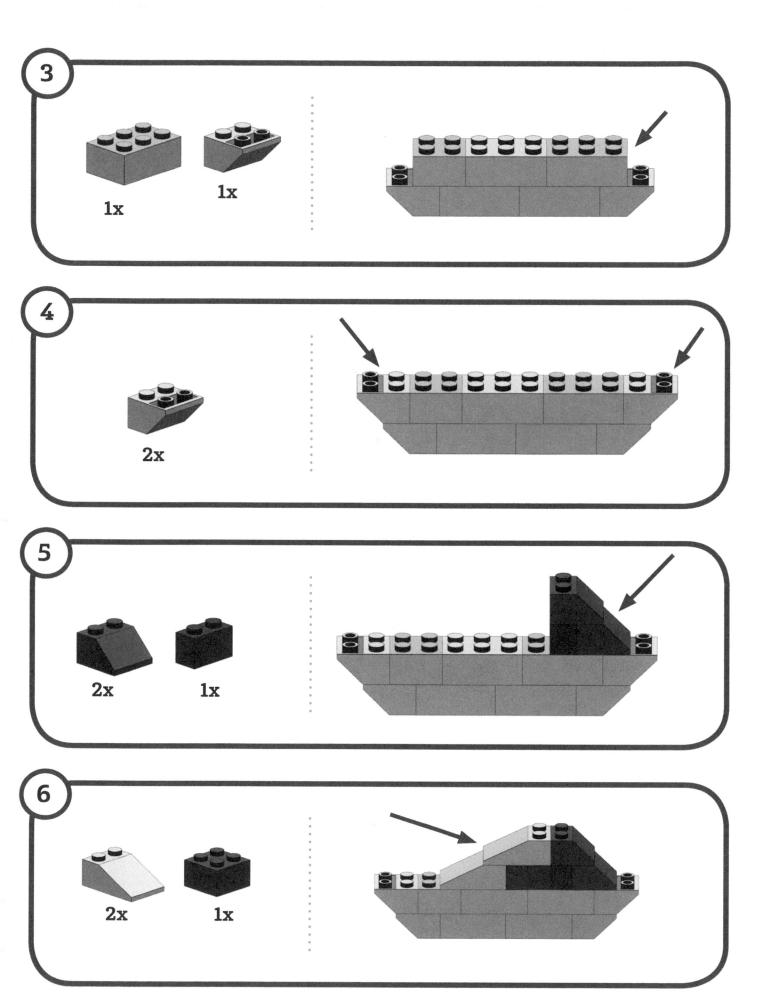

7

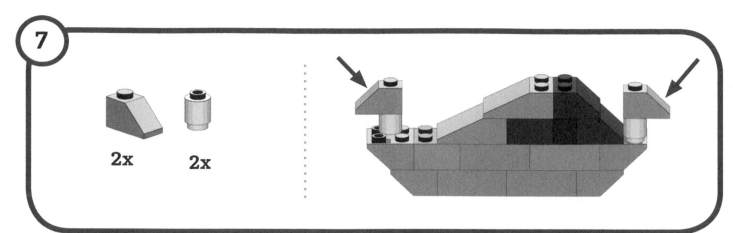
2x 2x

Build a Red Plane

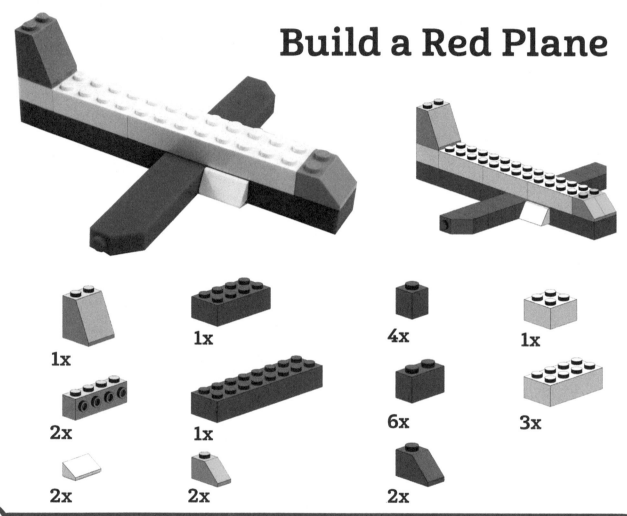

1x

1x

4x

1x

2x

1x

6x

3x

2x

2x

2x

1

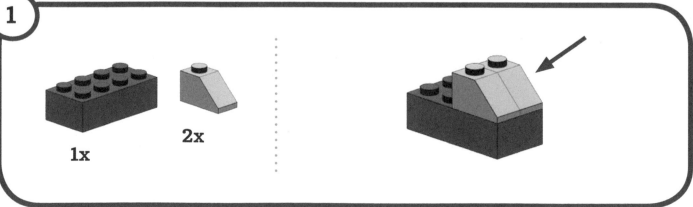
1x

2x

26

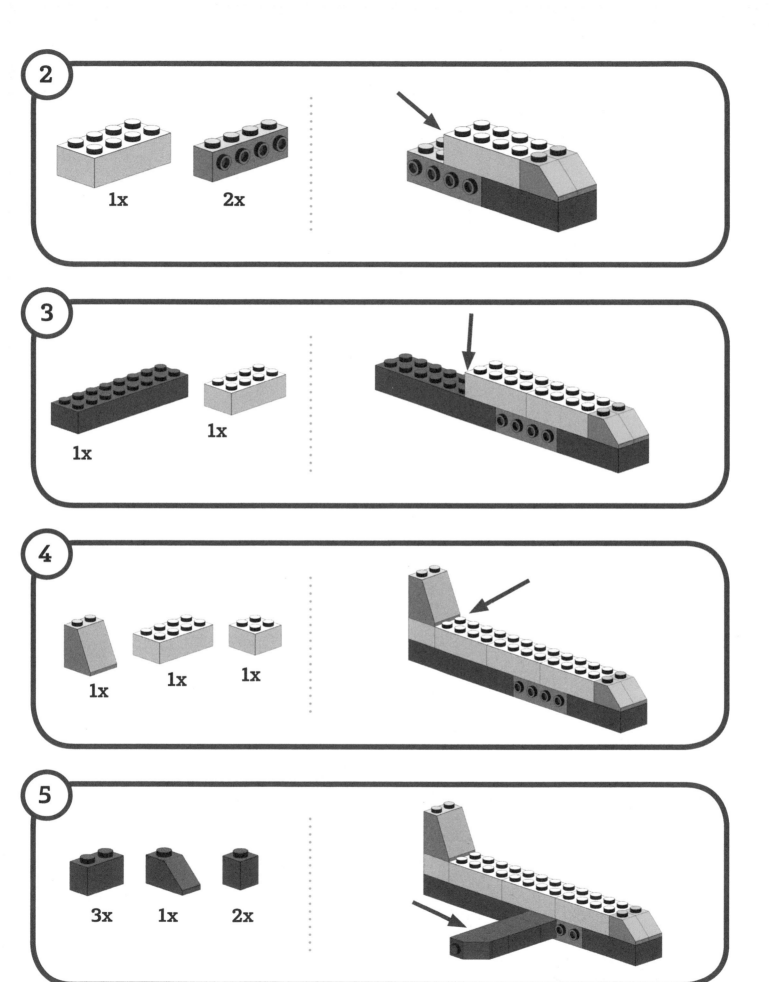

6

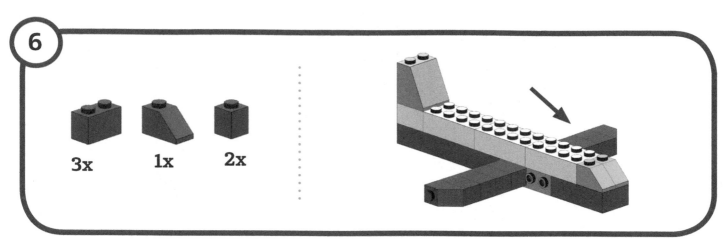

3x   1x   2x

7

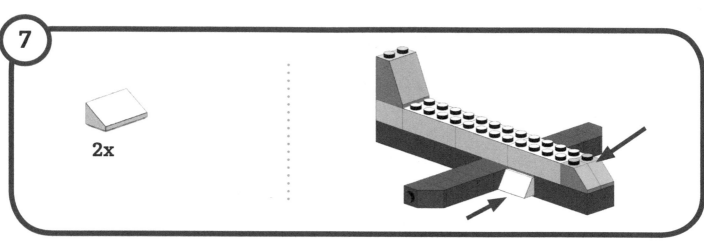

2x

Build a Rocket

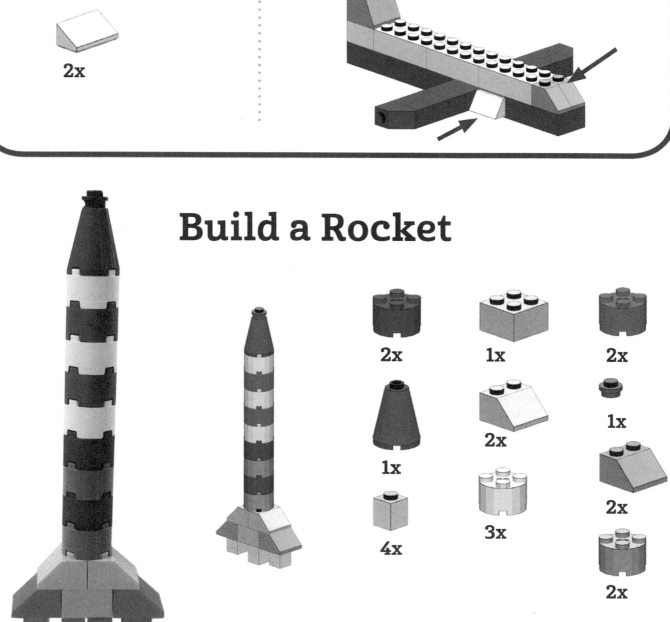

2x   1x   2x

1x   2x   1x

4x   3x   2x

2x

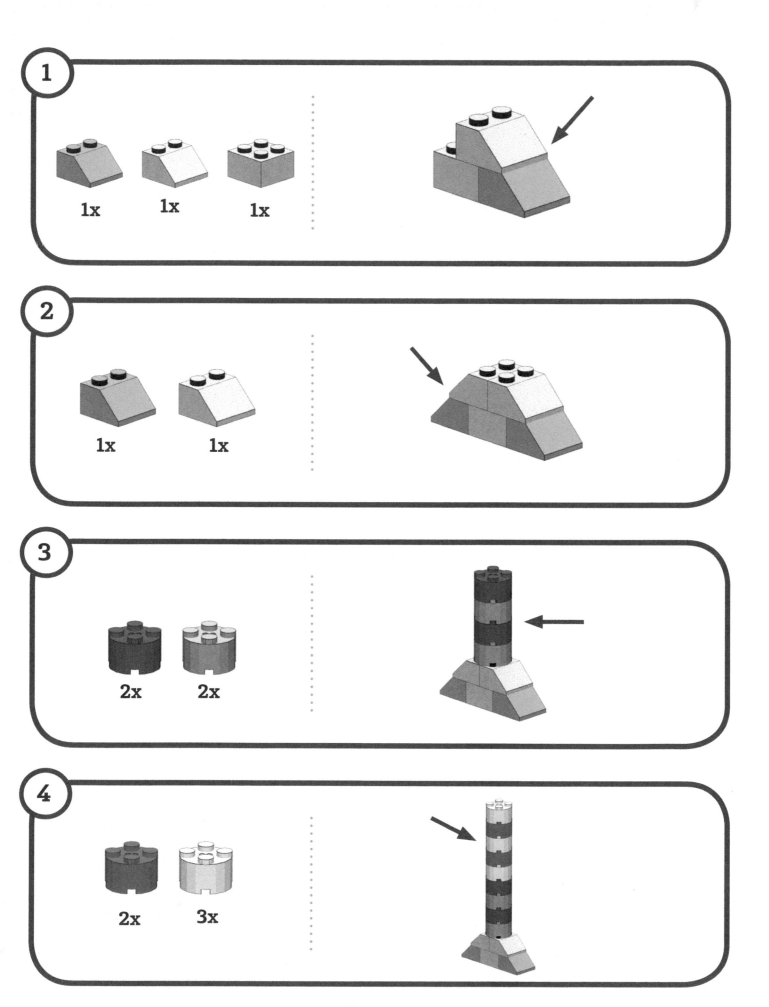

1

1x   1x   1x

2

1x   1x

3

2x   2x

4

2x   3x

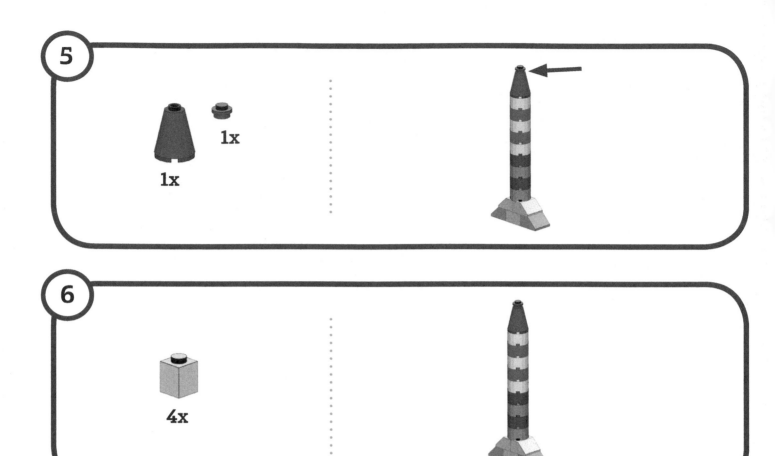

5

1x

1x

6

4x

Build a Navy Jet

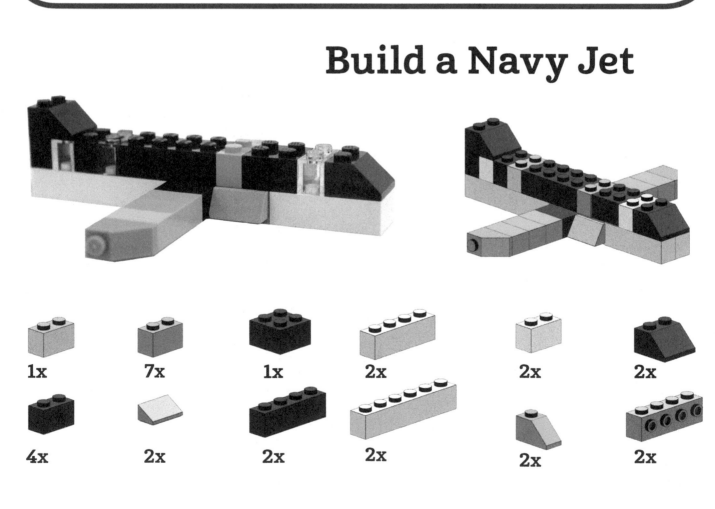

1x 7x 1x 2x 2x 2x

4x 2x 2x 2x 2x 2x

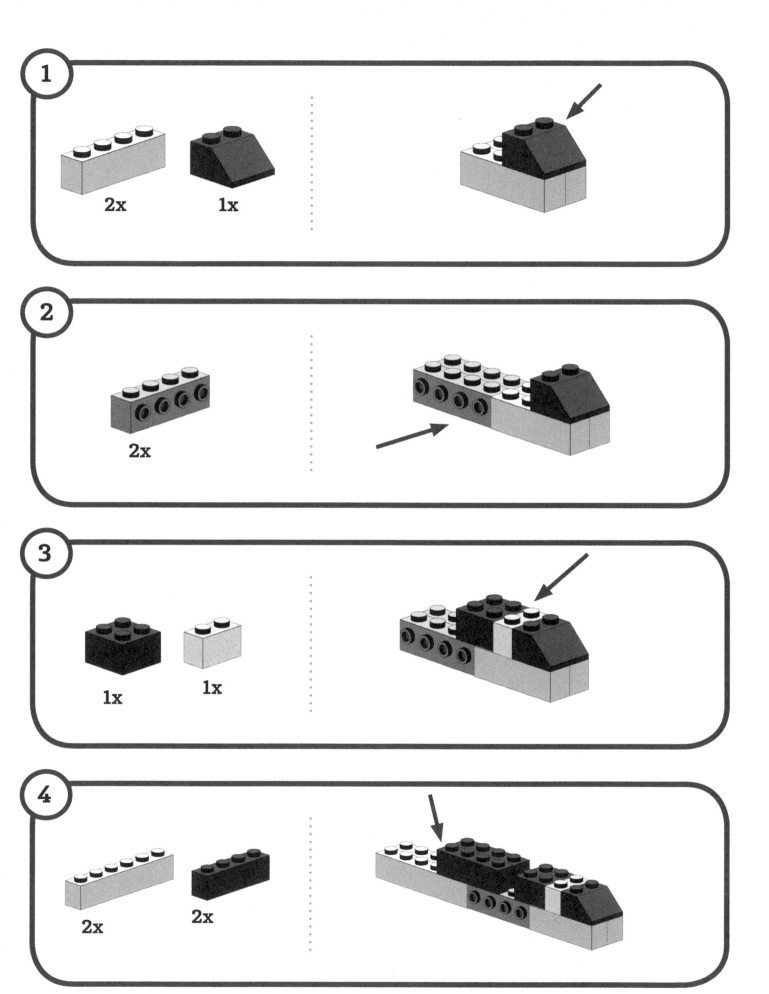

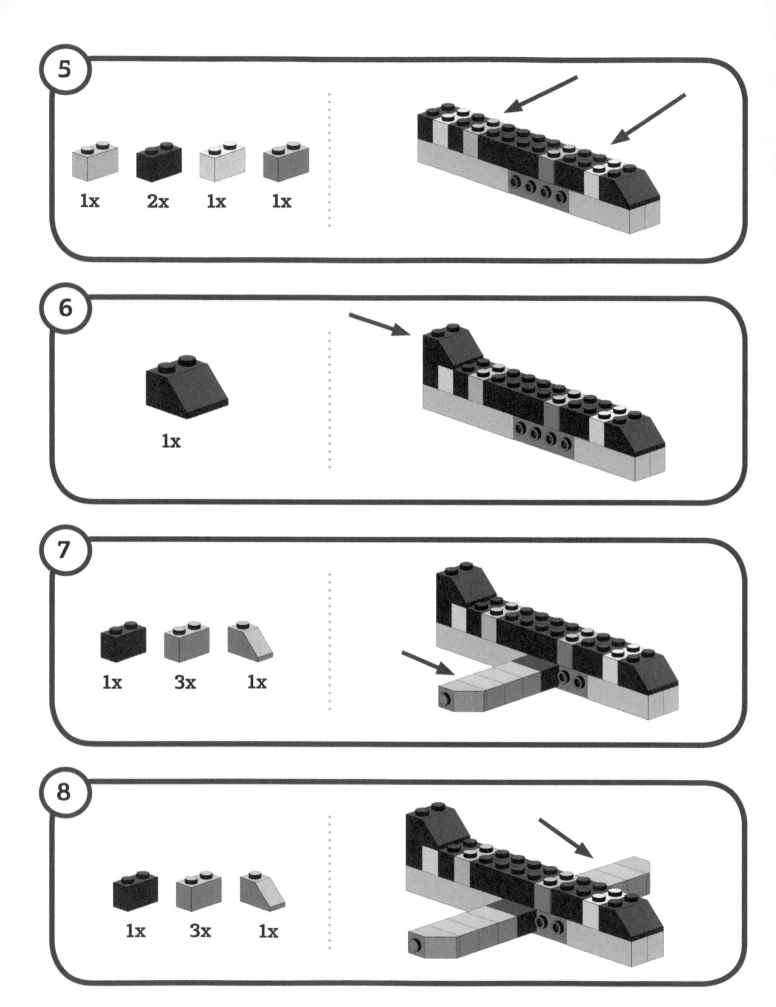

5

1x 2x 1x 1x

6

1x

7

1x 3x 1x

8

1x 3x 1x

9

2x

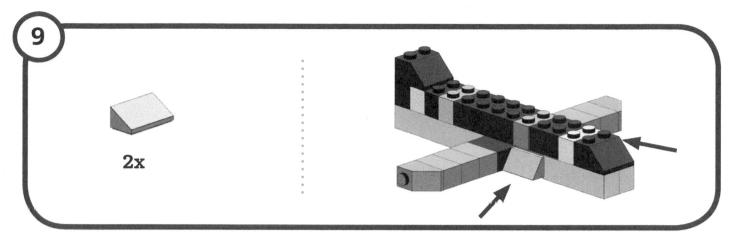

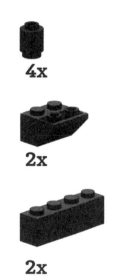

Build a
Radio Tower

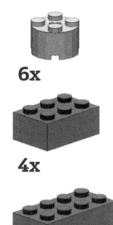

4x

6x

4x

2x

4x

6x

2x

2x

1

2x

1x

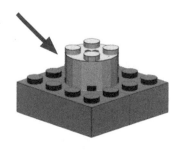

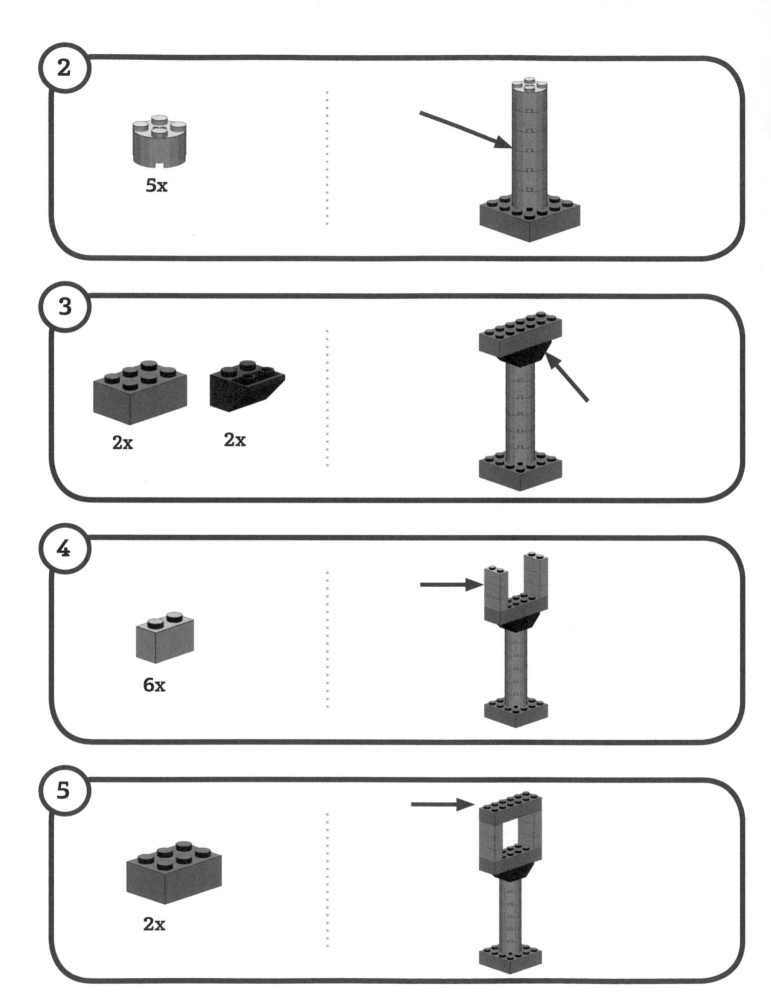

2

5x

3

2x   2x

4

6x

5

2x

34

6

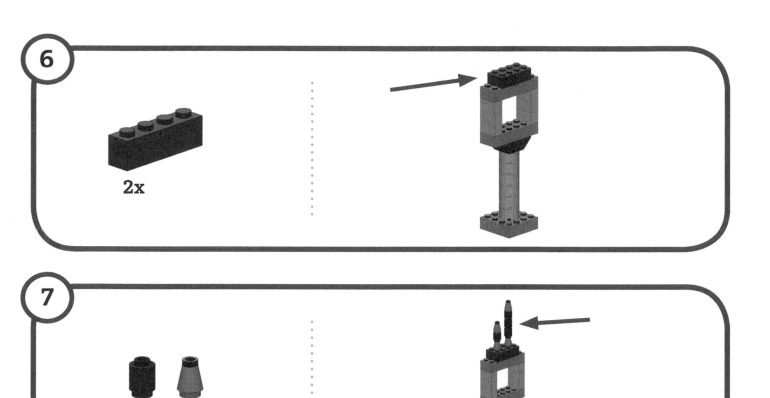

2x

7

4x   4x

Build a
Green Plane

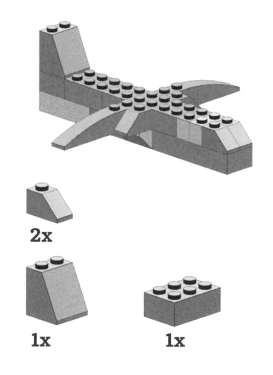

1x   1x   1x

2x   2x   2x   2x

1x   2x   1x   1x   1x

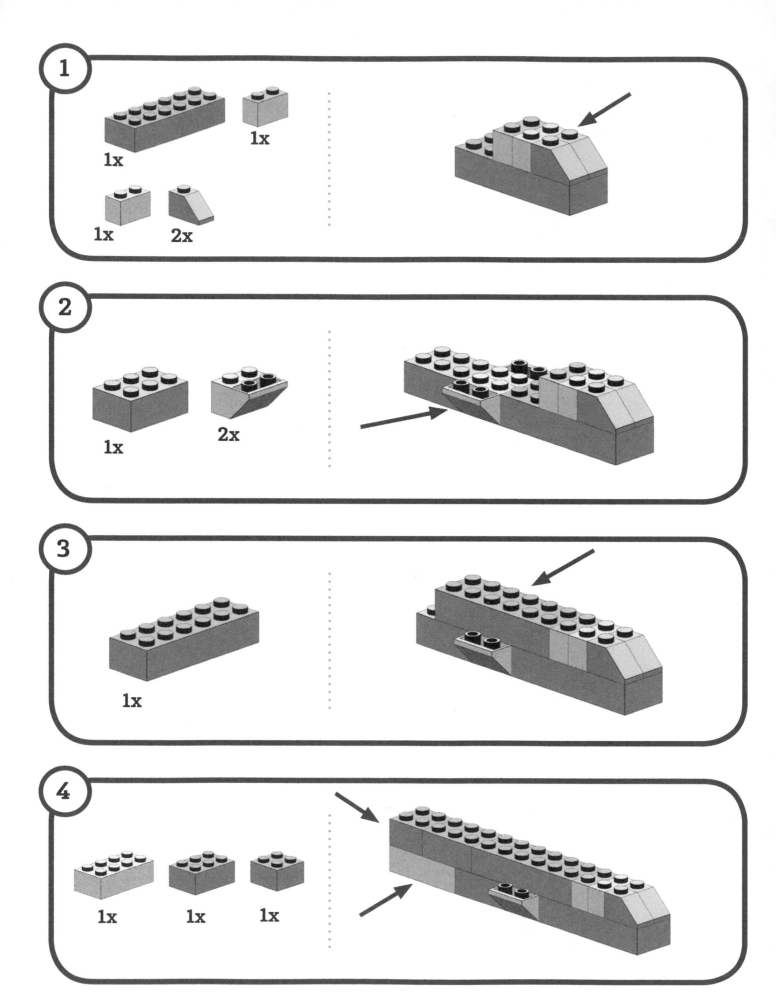

5

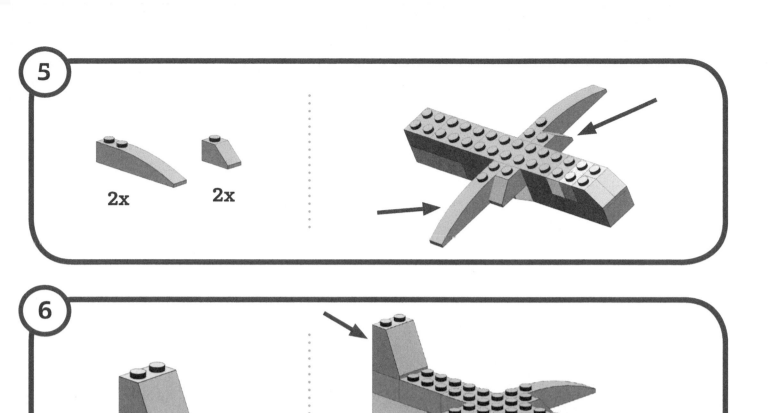

2x 2x

6

1x

Build a Yacht

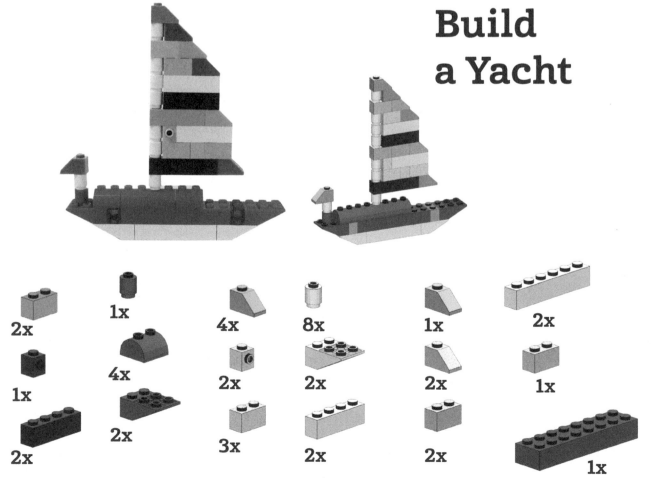

2x

1x

1x

4x

2x

4x

2x

2x

8x

2x

3x

1x

2x

2x

2x

2x

1x

1x

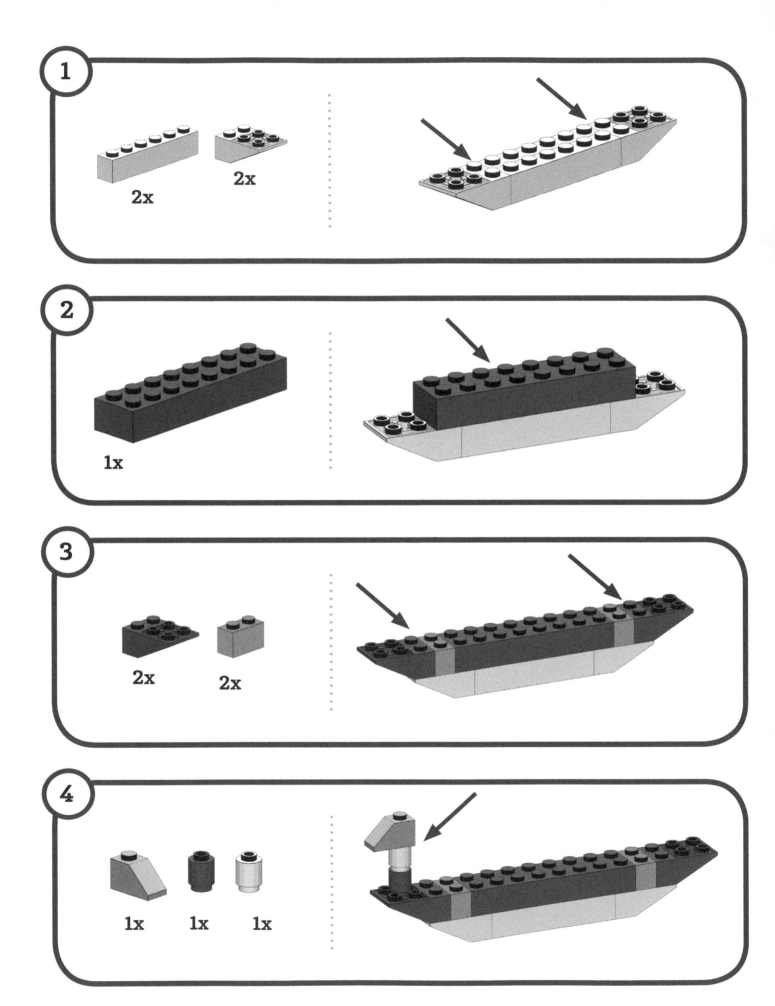

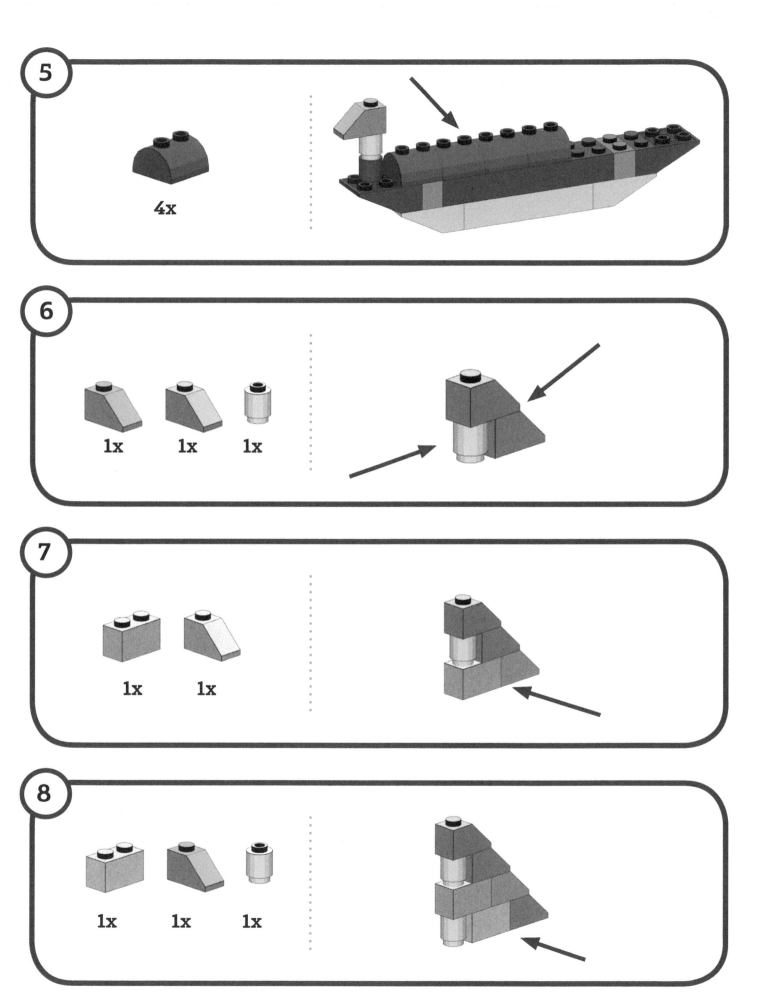

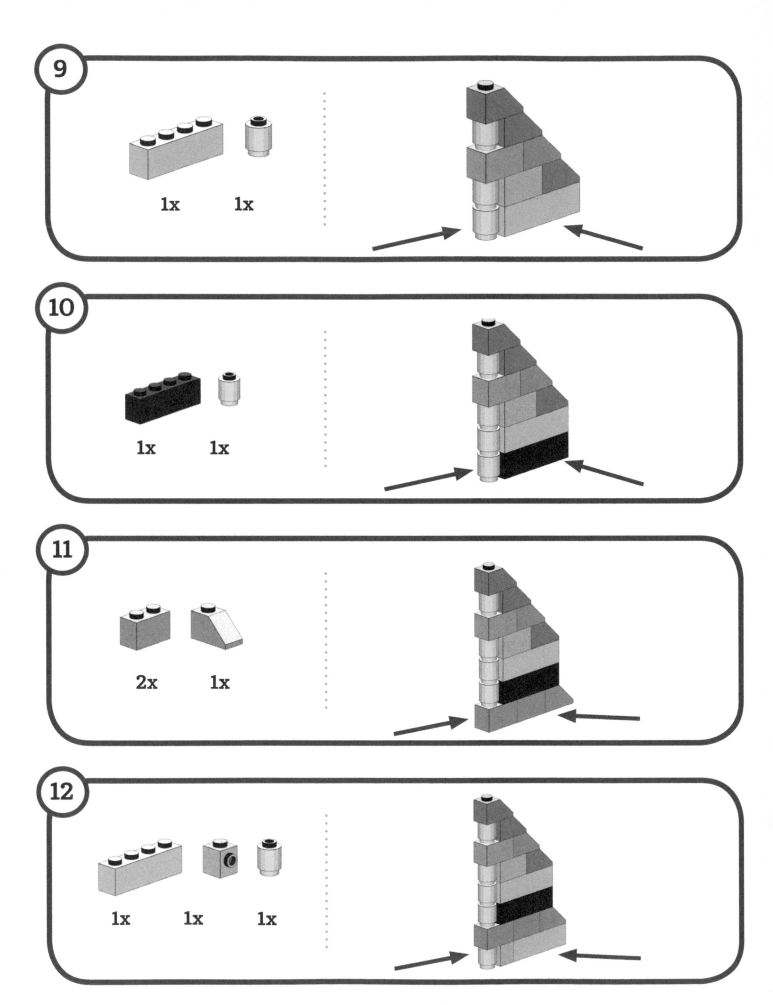

9

1x 1x

10

1x 1x

11

2x 1x

12

1x 1x 1x

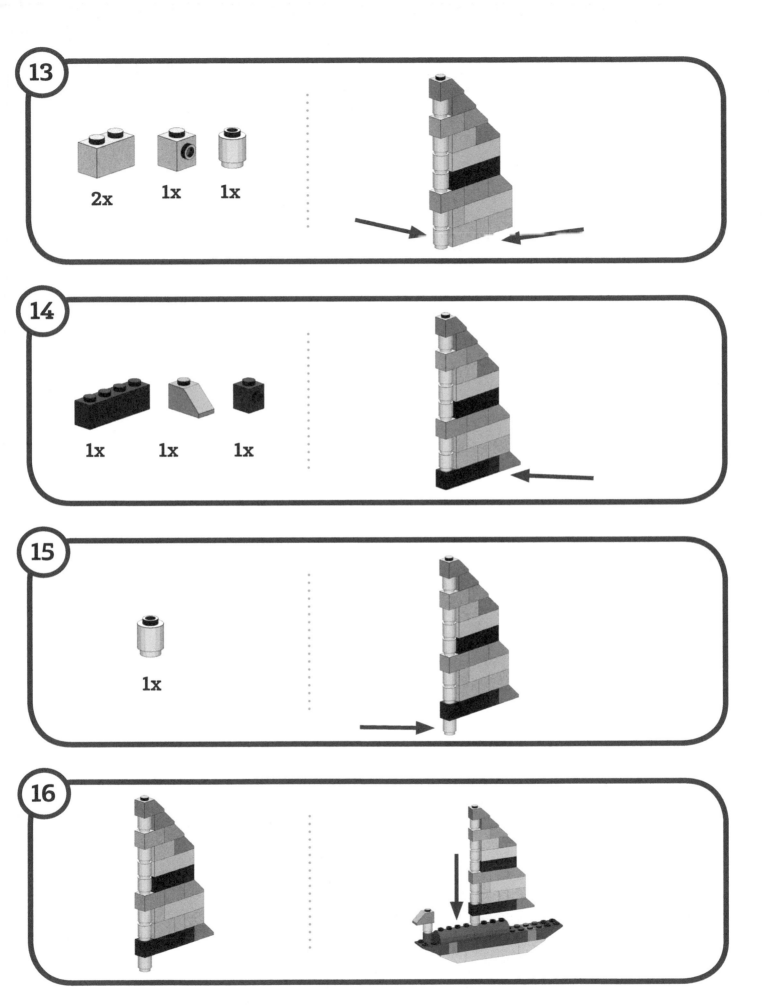

Living Room

Mice

Cat

Build a Cat

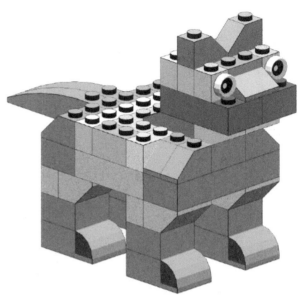

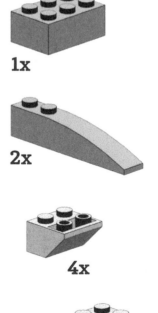

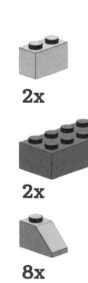

2x

2x

4x

2x

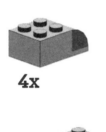

1x

4x

8x

2x

2x

2x

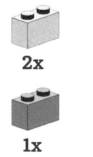

1x

1x

1x

2x

1x

2x

1x

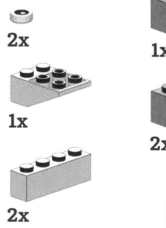

4x

3x

2x

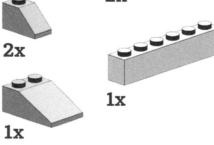

44

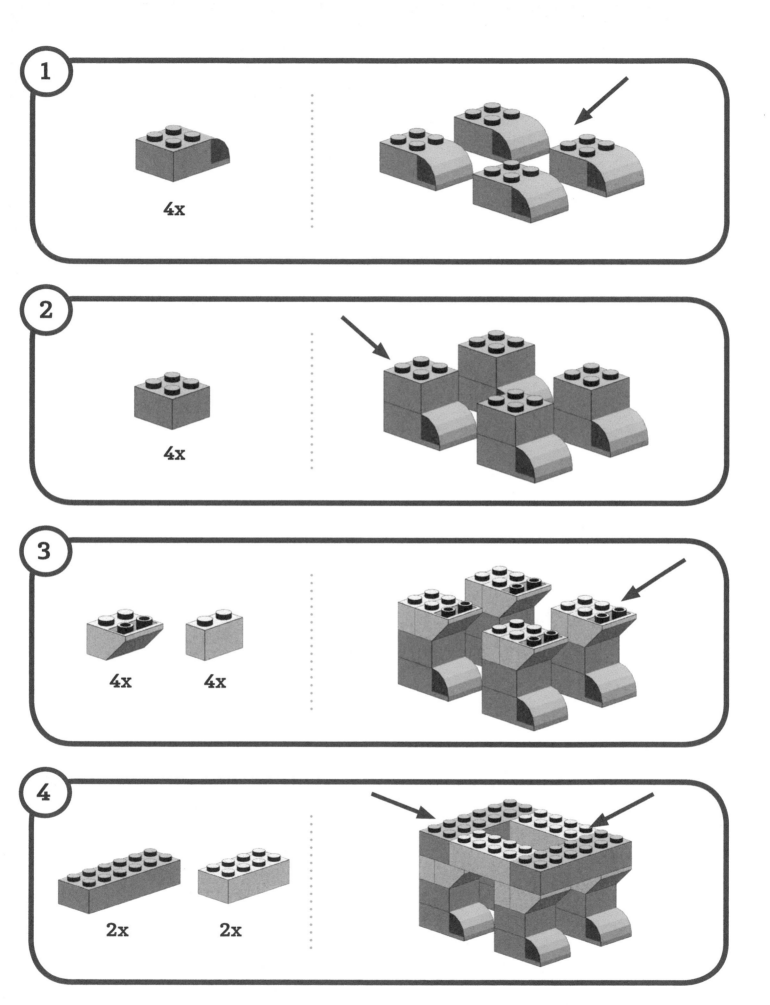

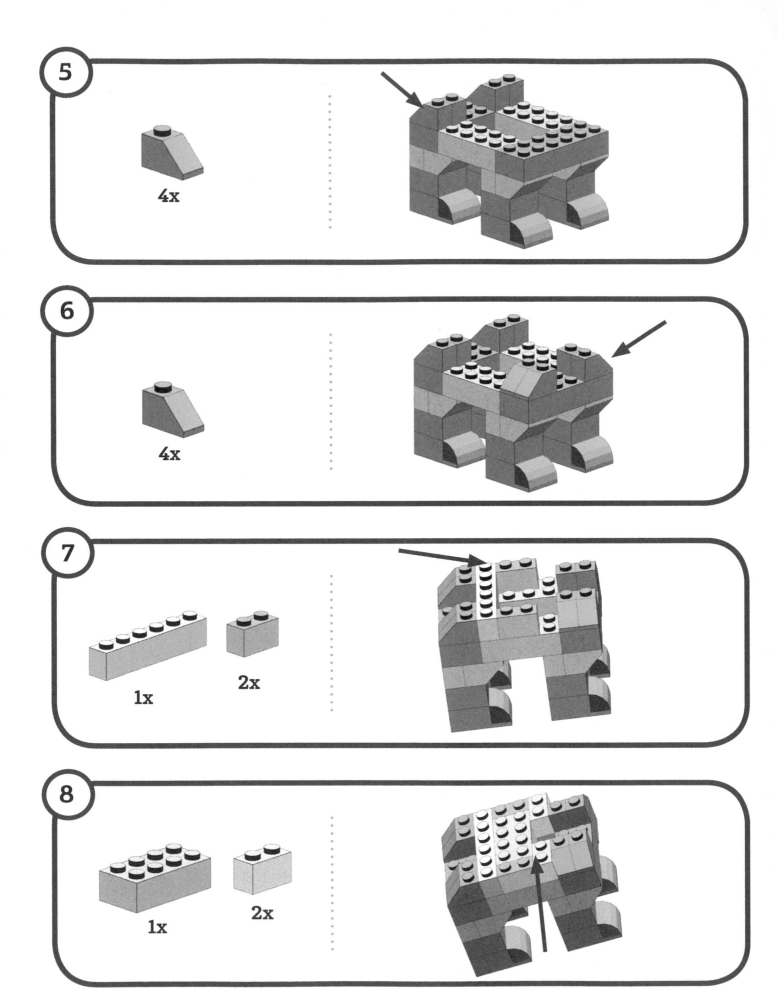

5 4x

6 4x

7 1x 2x

8 1x 2x

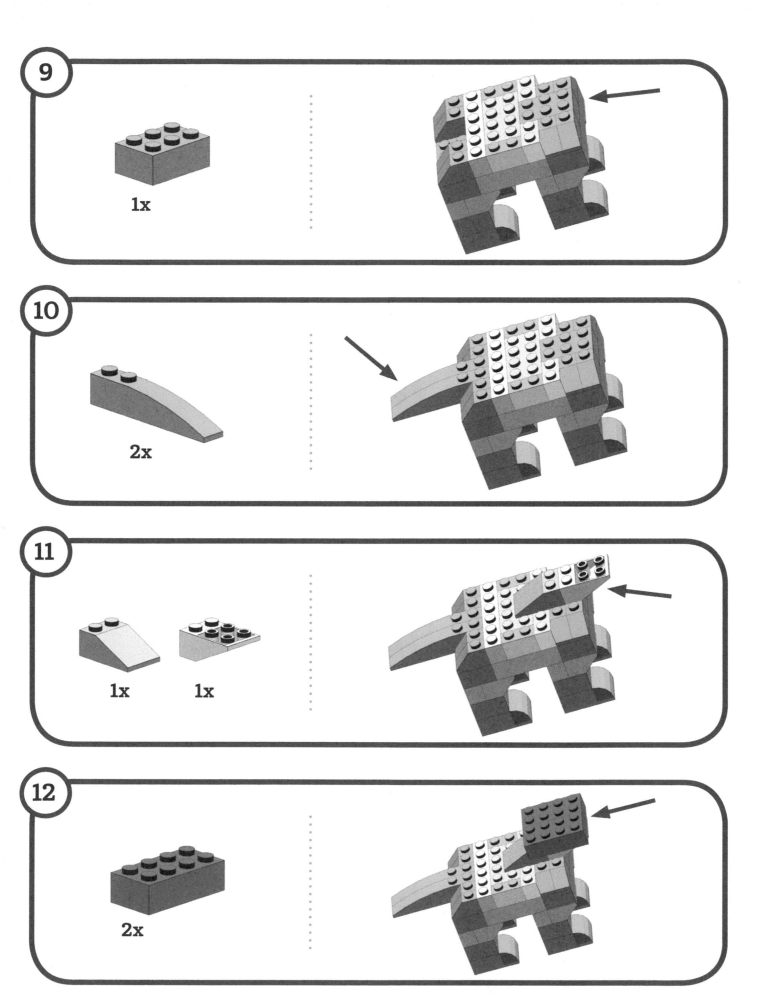

9 1x

10 2x

11 1x 1x

12 2x

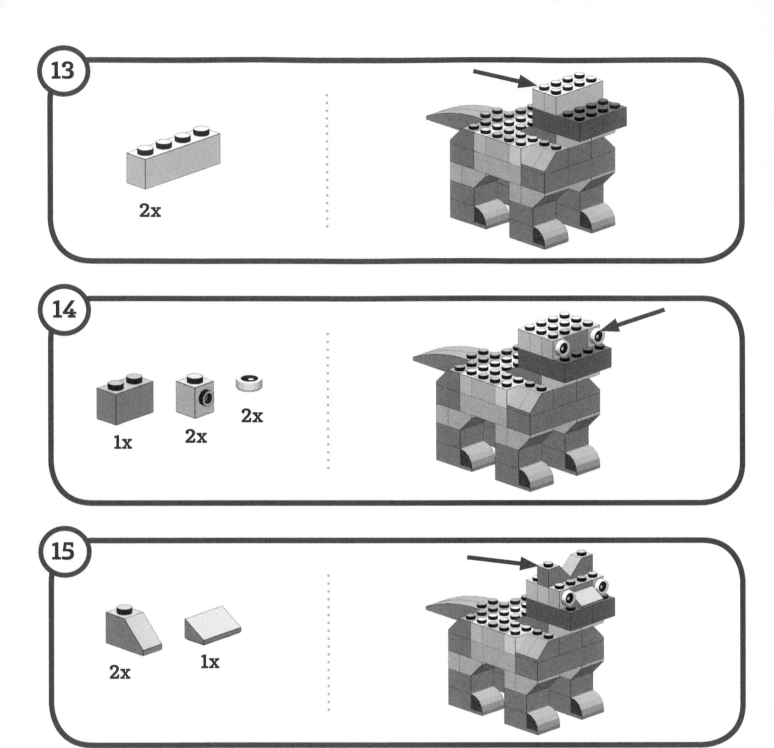

13

2x

14

1x   2x   2x

15

2x   1x

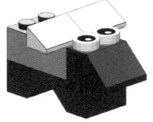 

Build Some Mice

 2x

 1x

 1x

 2x

 2x

 1x

 1x

 1x

 2x

 2x

 2x

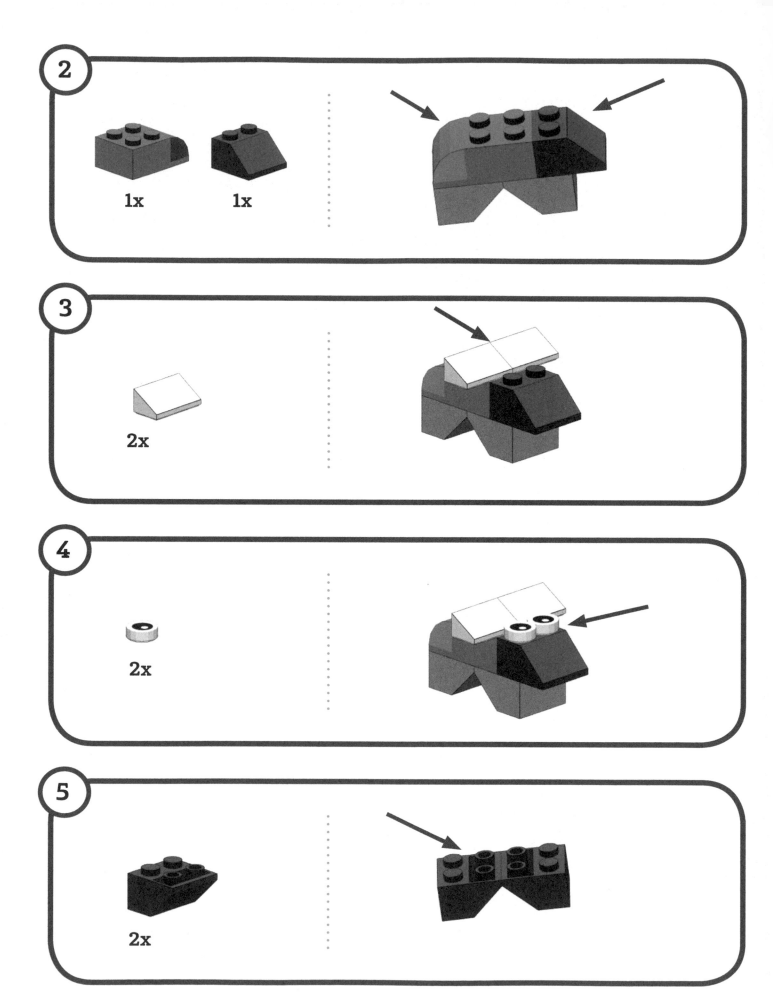

2

1x 1x

3

2x

4

2x

5

2x

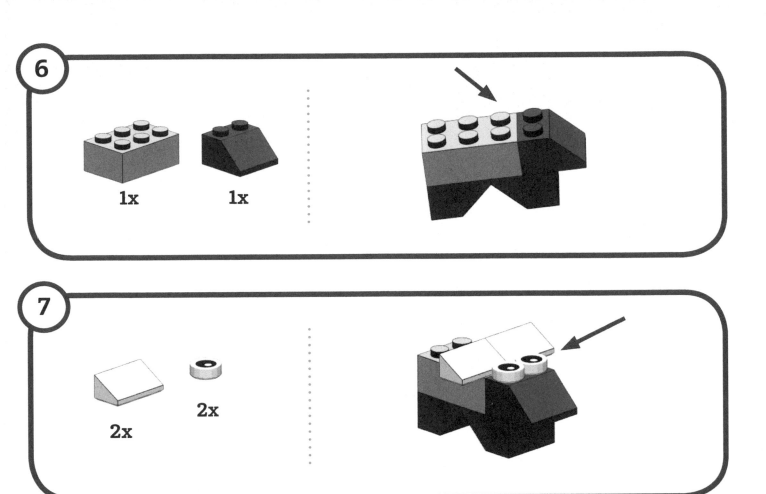

6

1x   1x

7

2x

2x

City Living

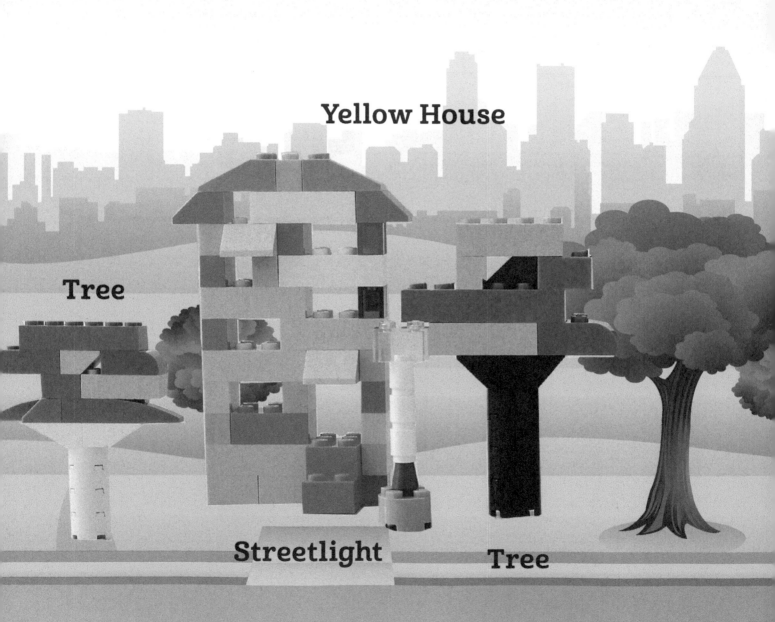

Yellow House

Tree

Streetlight

Tree

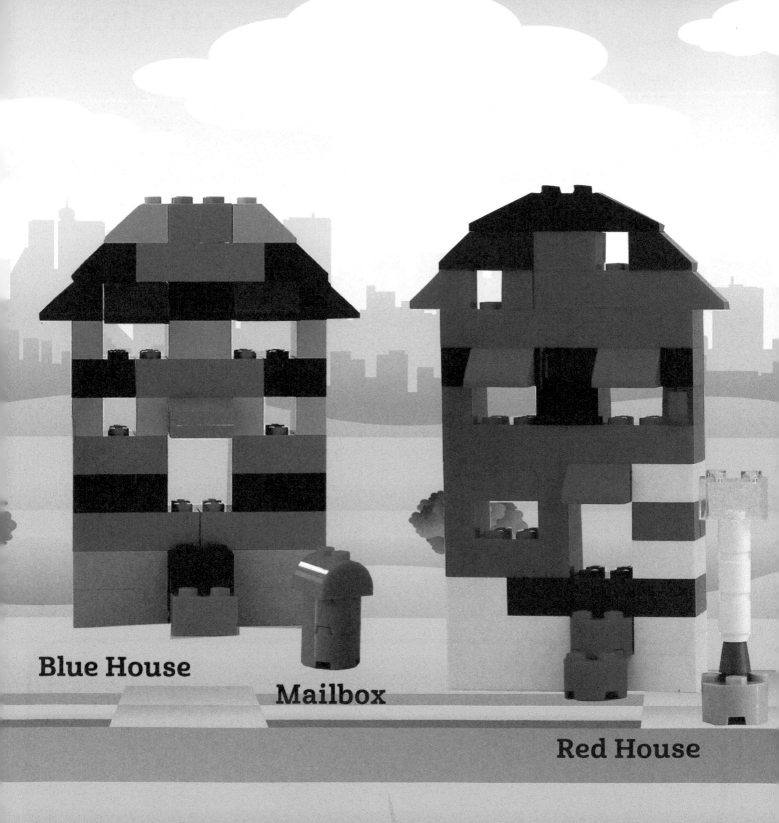

Blue House

Mailbox

Red House

Build a Yellow House, Streelight, and a Brown Tree

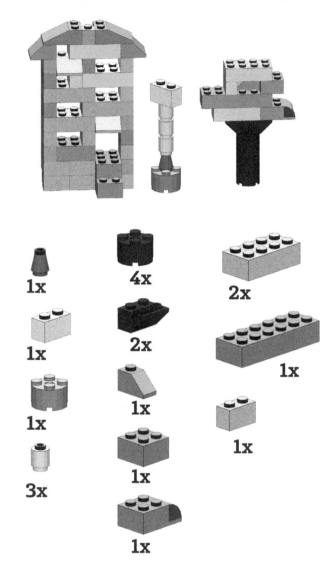

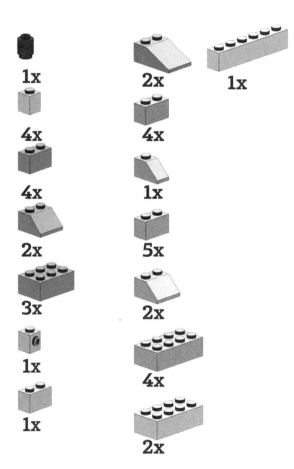

1x

4x

4x

2x

3x

1x

1x

2x

4x

1x

5x

2x

4x

2x

1x

1x

1x

4x

2x

1x

3x

1x

1x

1x

2x

1x

1x

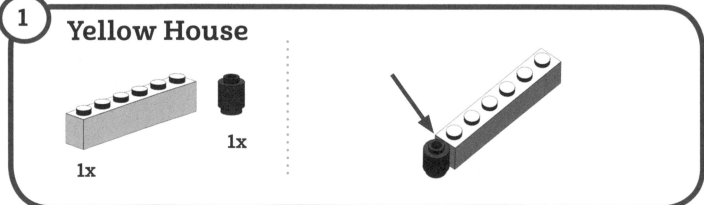

1 Yellow House

1x   1x

1x

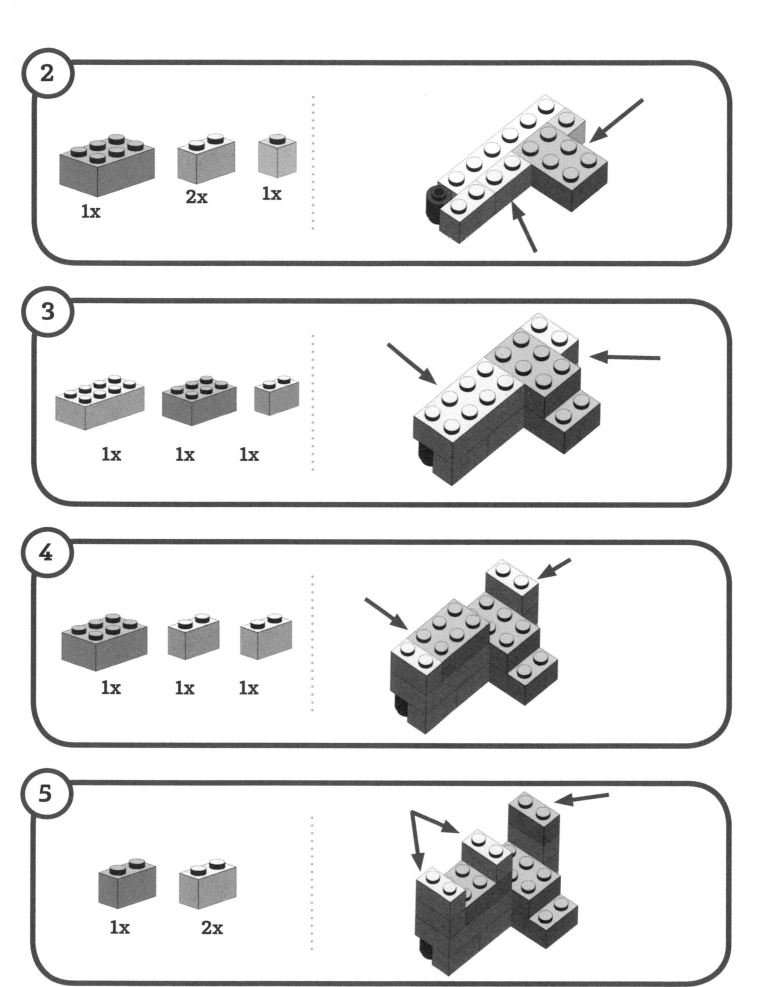

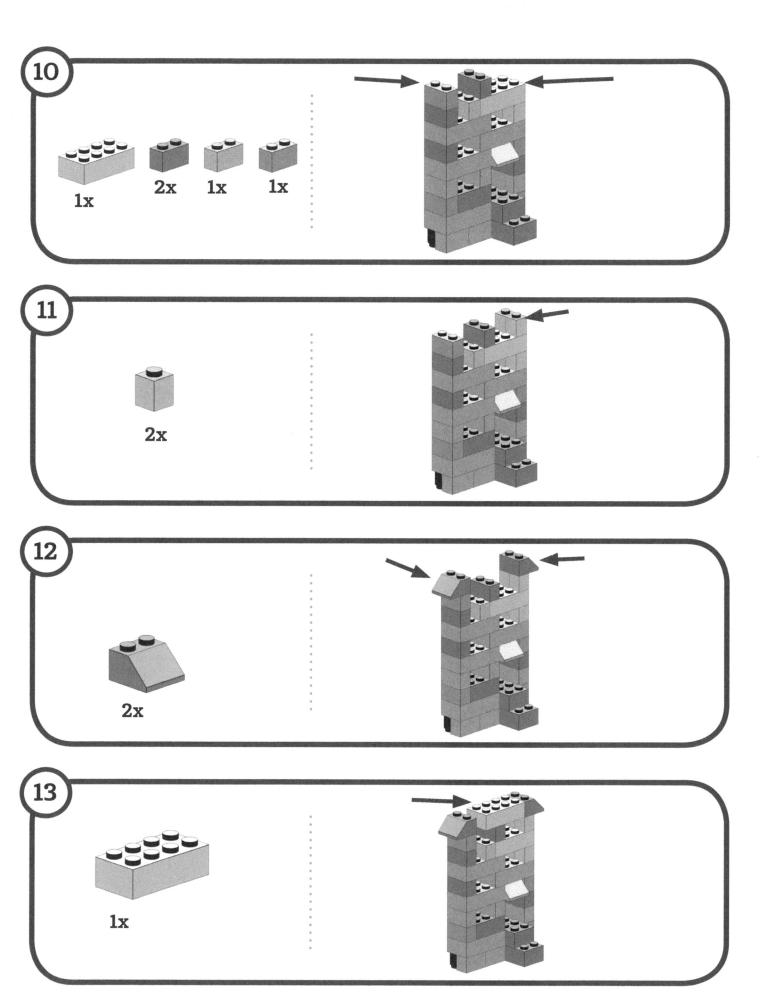

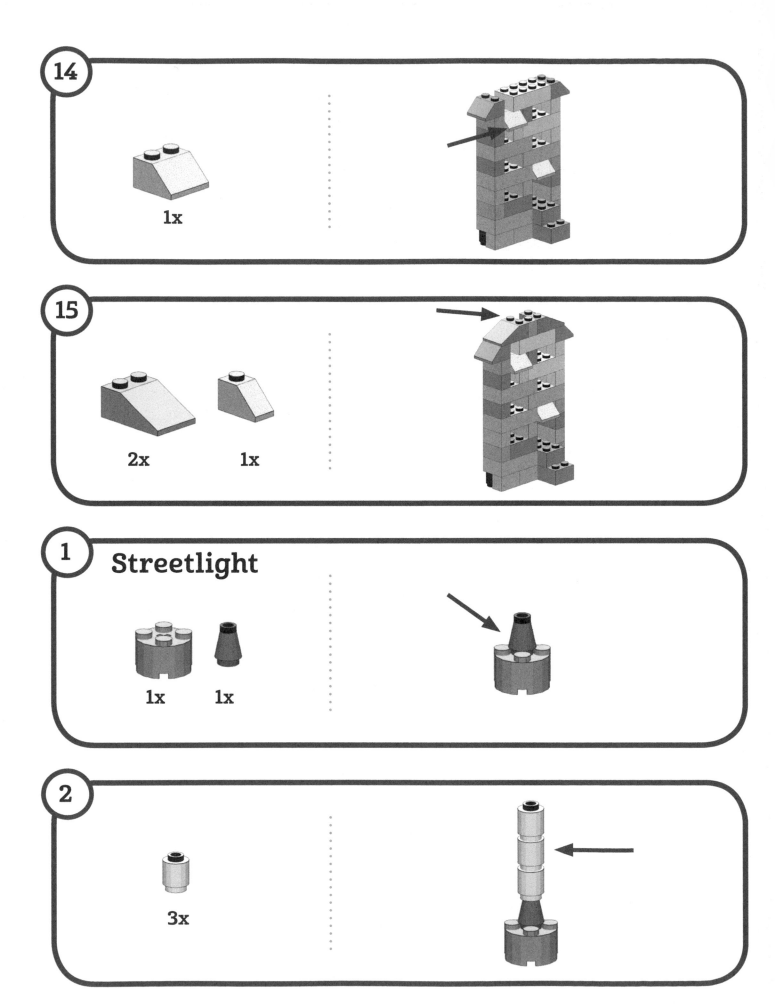

14

1x

15

2x 1x

1 Streetlight

1x 1x

2

3x

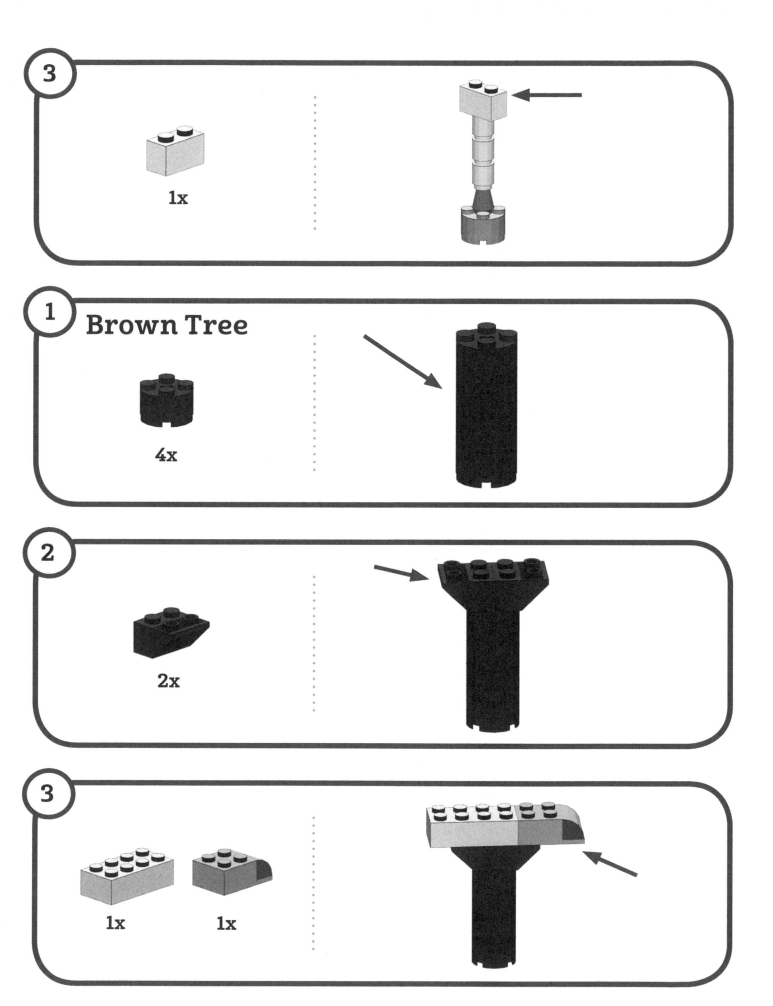

Brown Tree

3 1x

1 Brown Tree 4x

2 2x

3 1x 1x

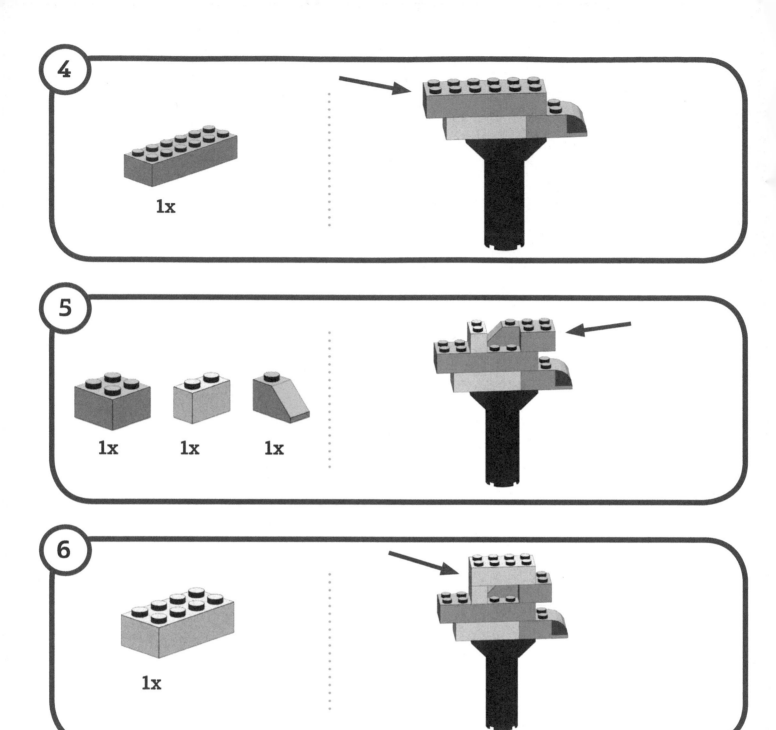

4

1x

5

1x   1x   1x

6

1x

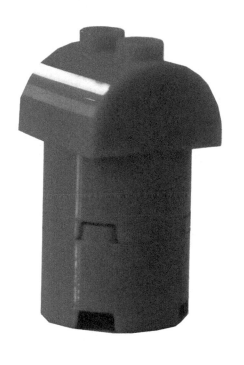

Build a
Mailbox

2x   1x

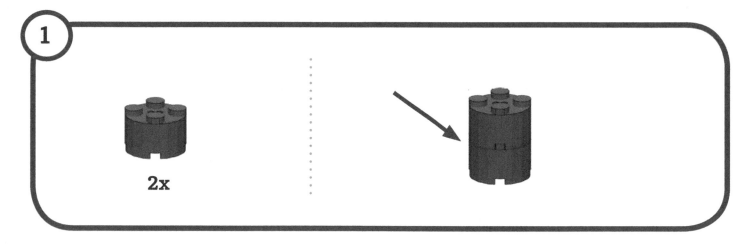

1

2x

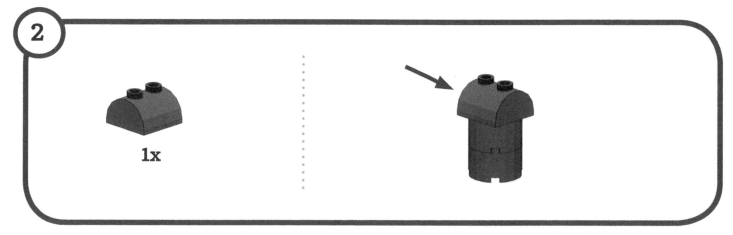

2

1x

61

Build a Blue House

 1x

 4x

 3x

 2x

 2x

6x

 1x

4x

 2x

 2x

4x

4x

7x

1

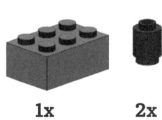

1x   2x

2

1x   2x

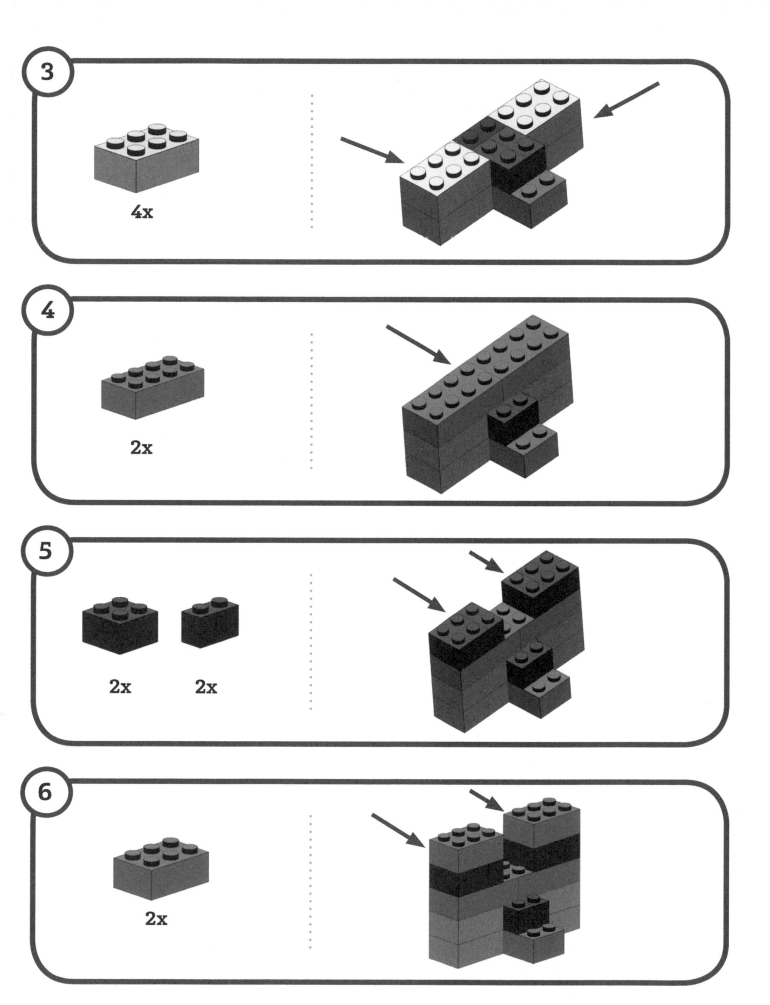

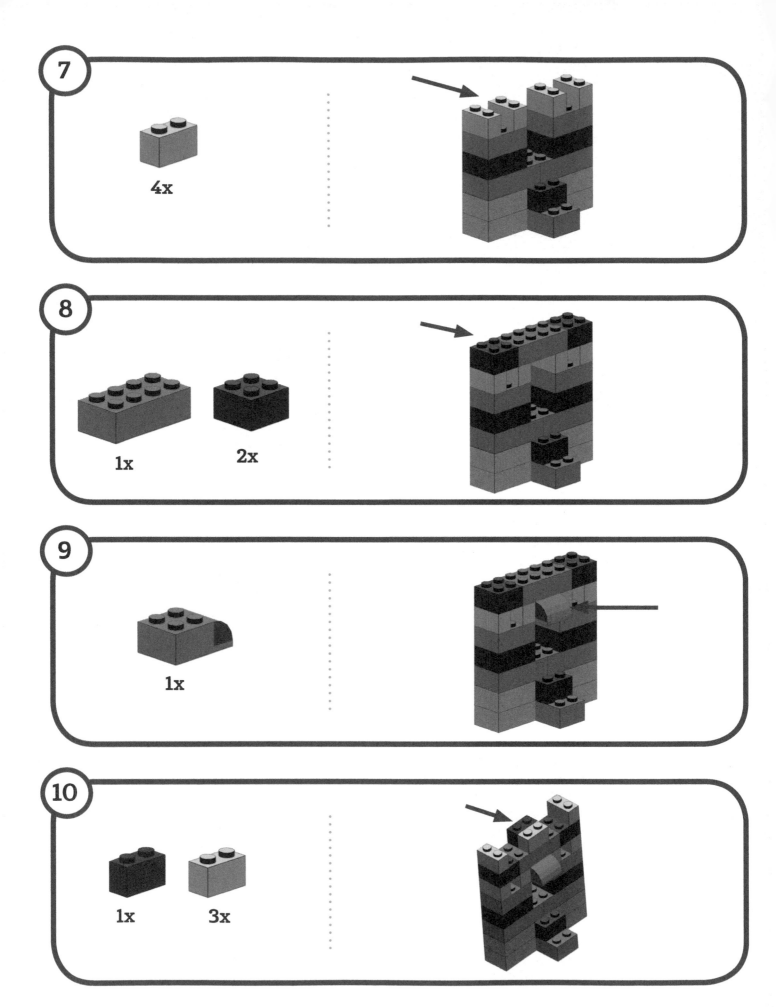

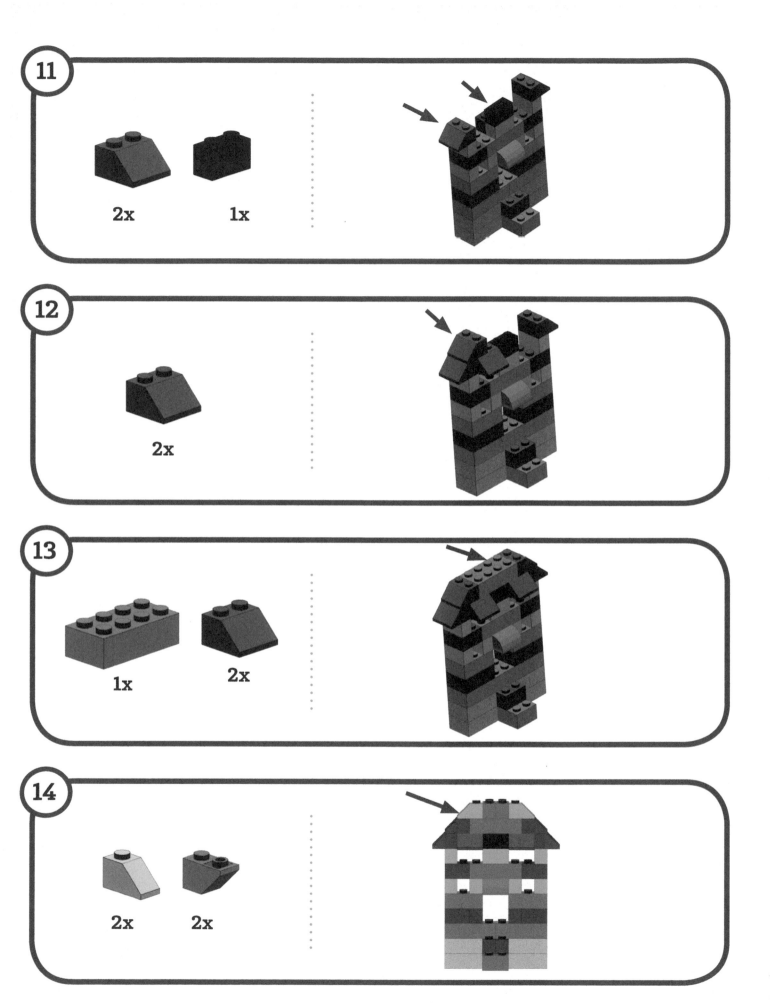

Build a White Tree

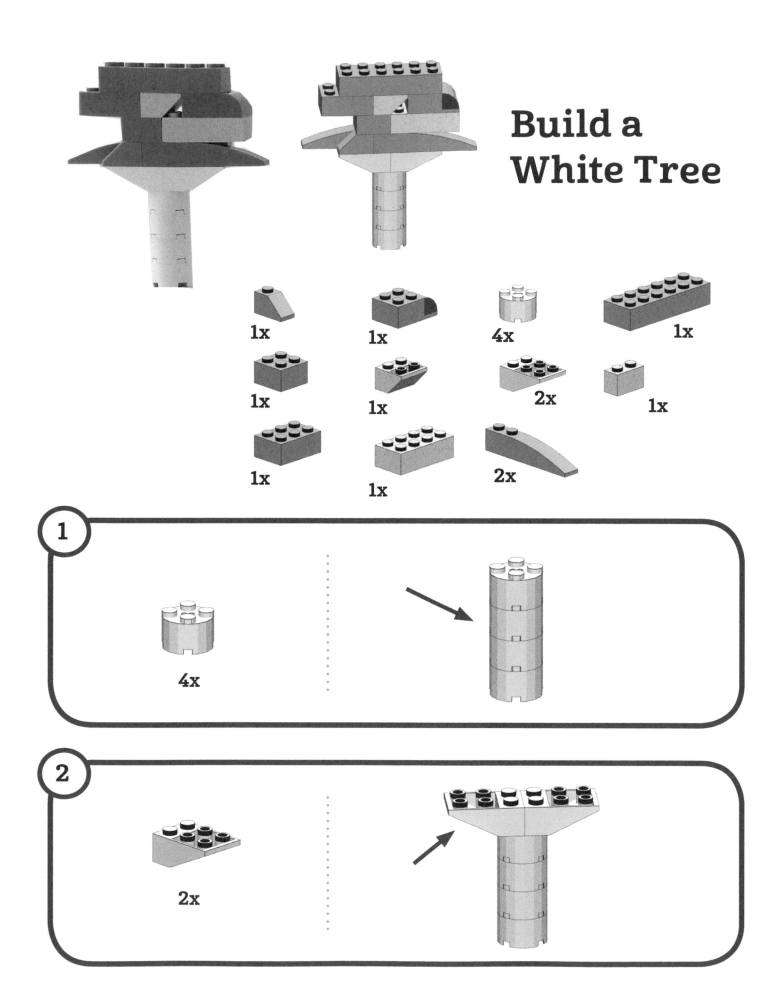

1x 1x 4x 1x

1x 1x 2x 1x

1x 1x 2x

1
4x

2
2x

66

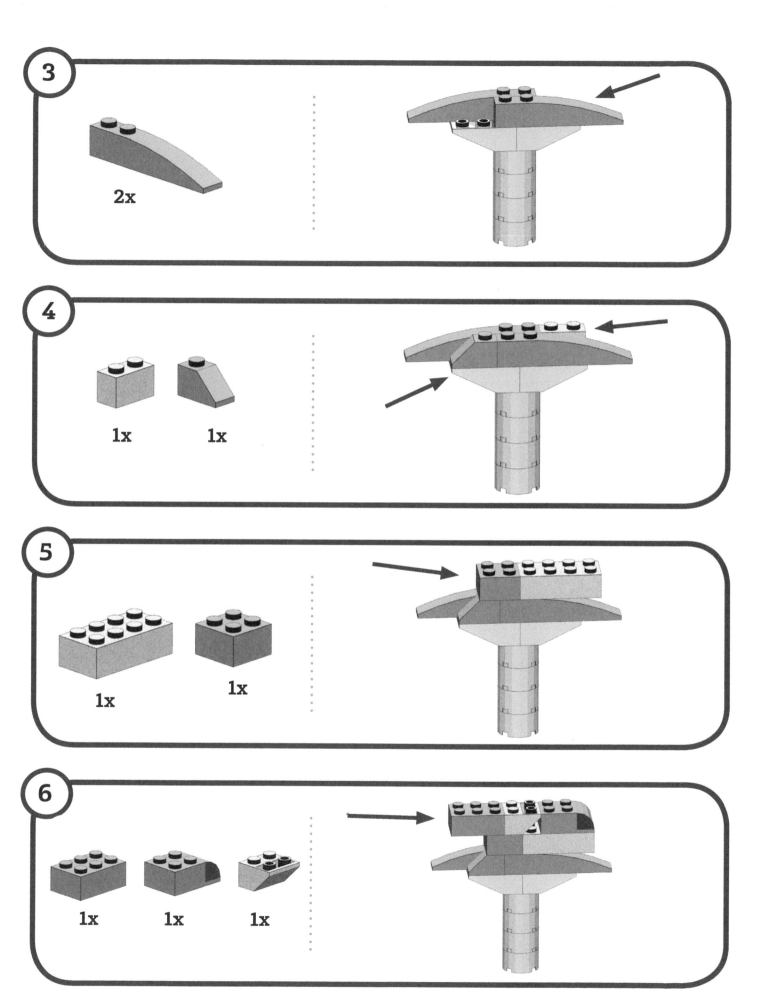

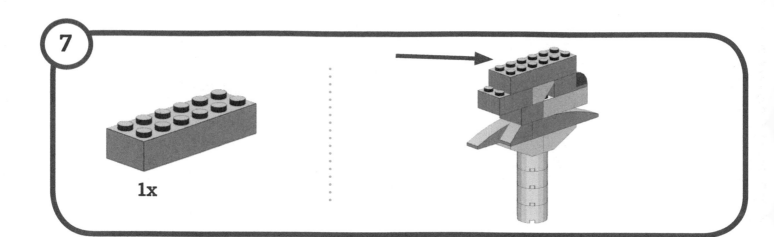

7

1x

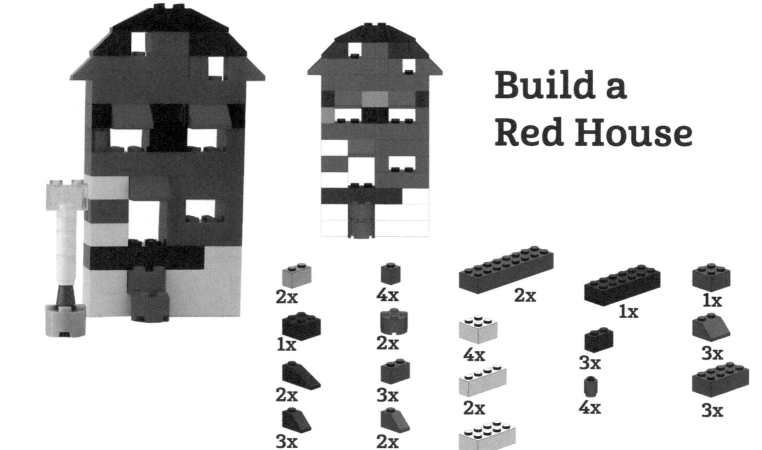

Build a
Red House

2x   4x   2x   1x   1x

1x   2x   4x   3x   3x

2x   3x   2x   4x   3x

3x   2x   2x

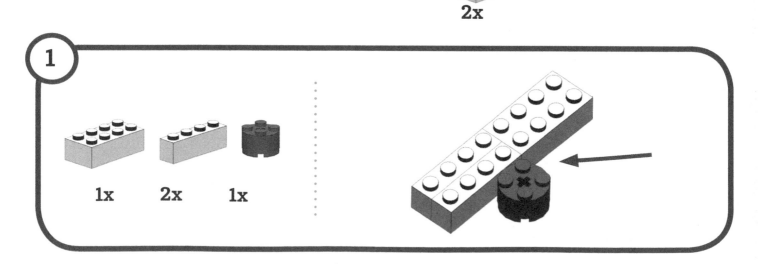

1

1x   2x   1x

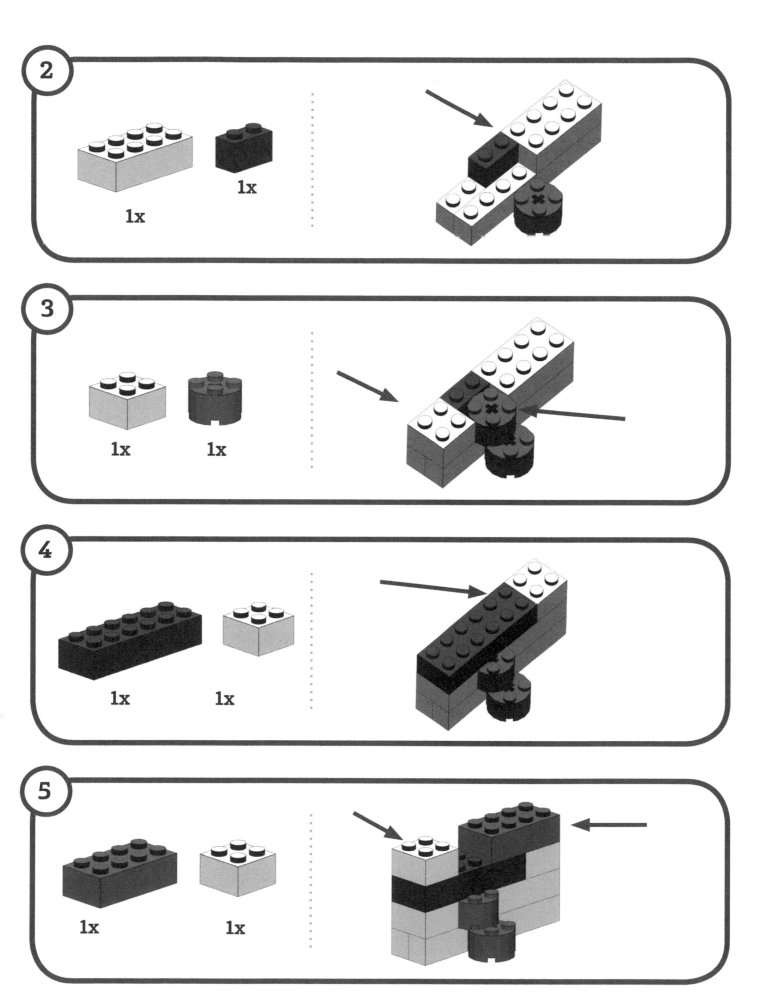

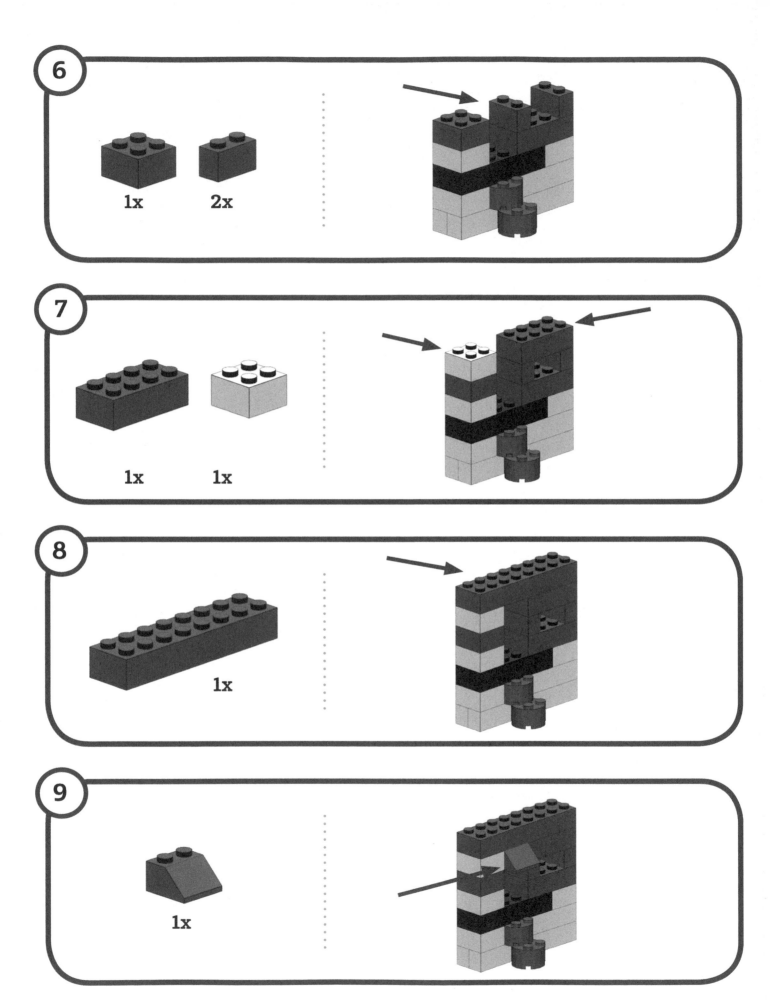

70

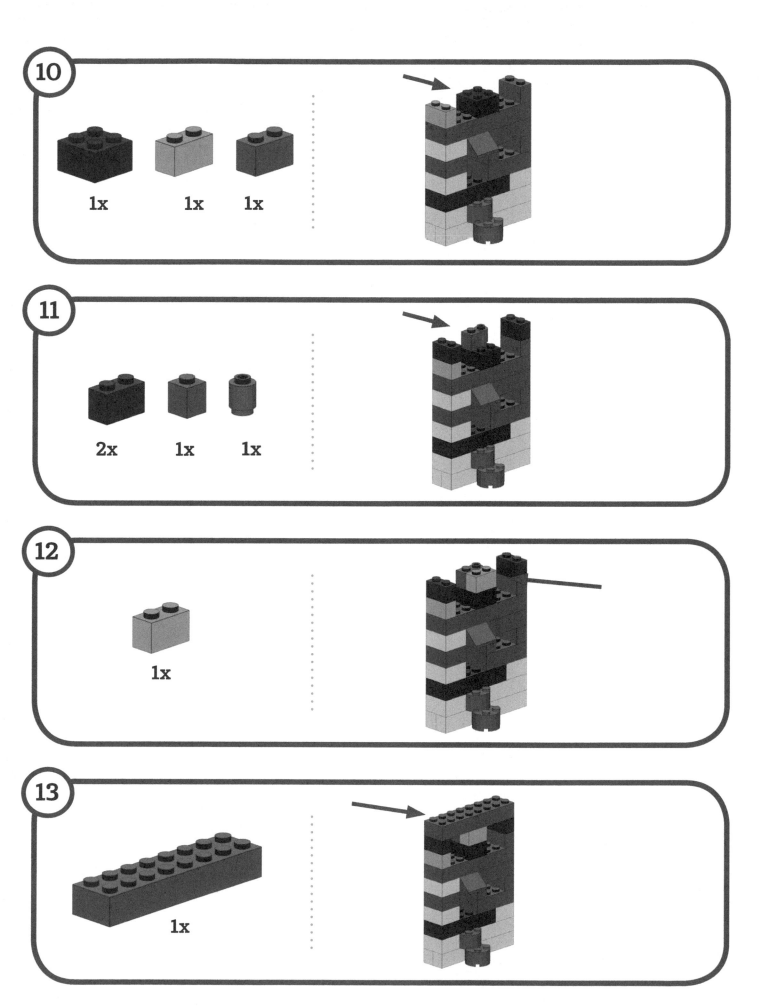

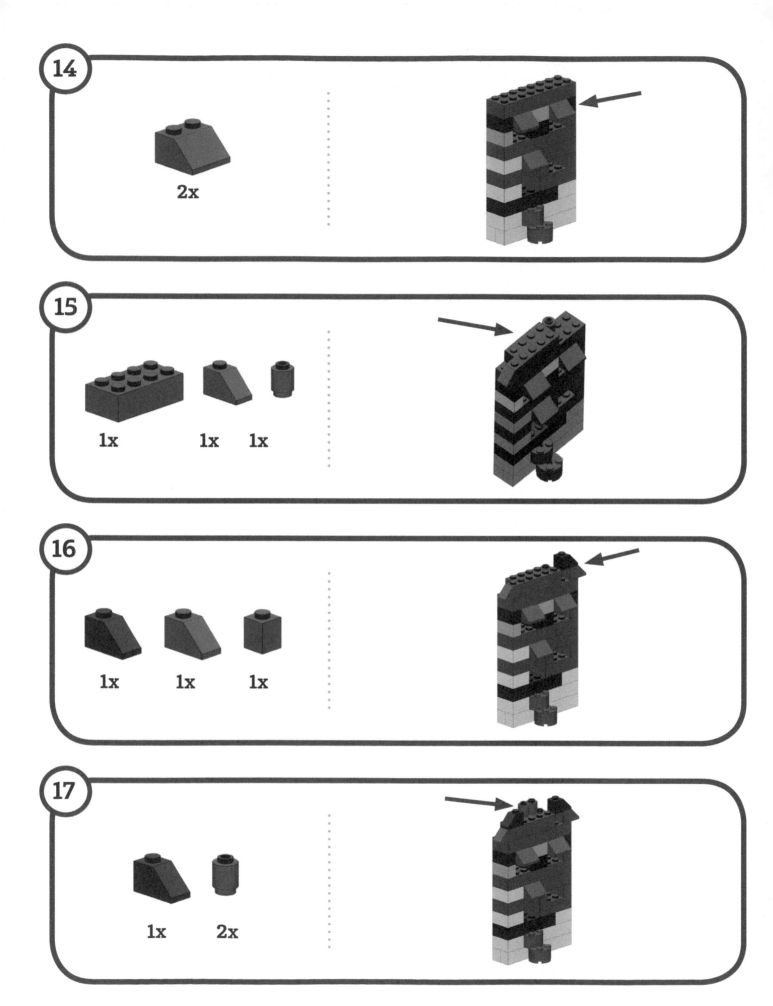

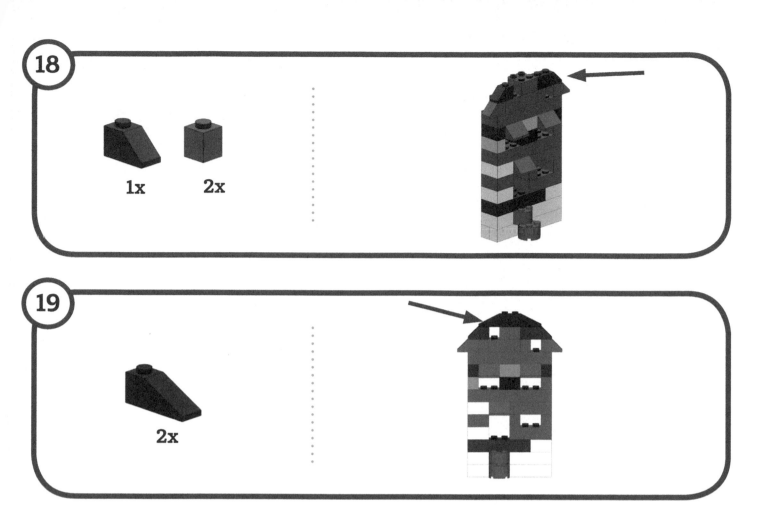

Pond in a Park

Bumblebee

Turtle

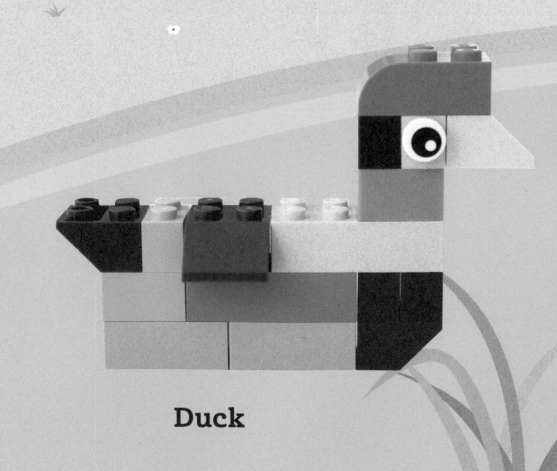

Duck

Frog

Swan

Build a Swan

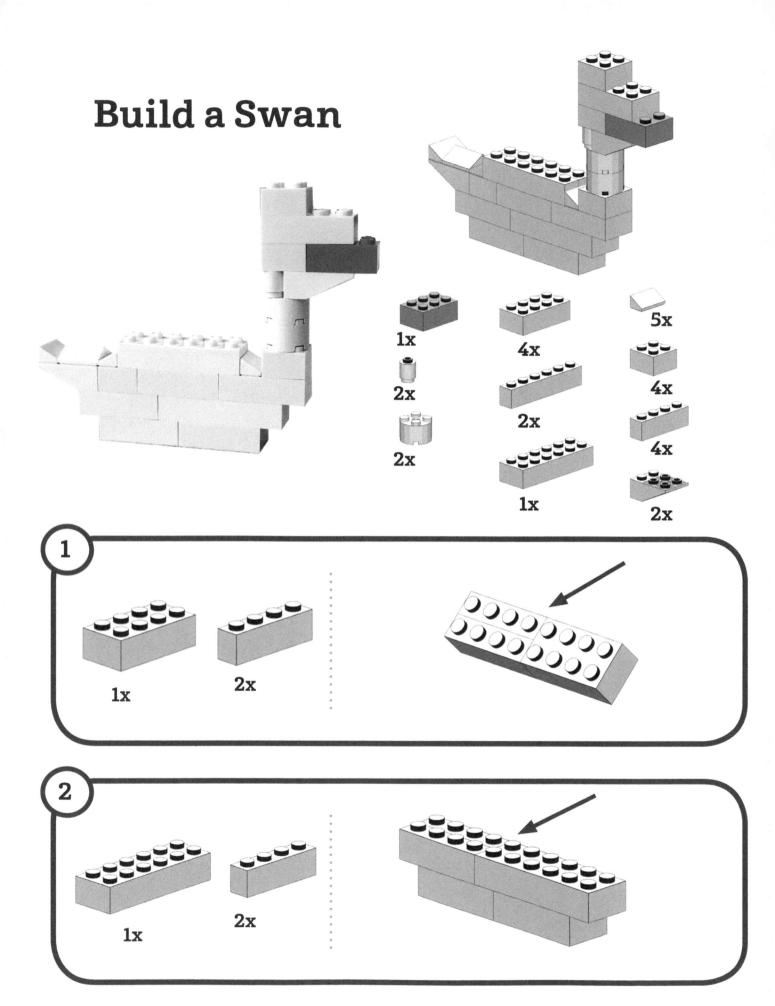

1

1x 2x

2

1x 2x

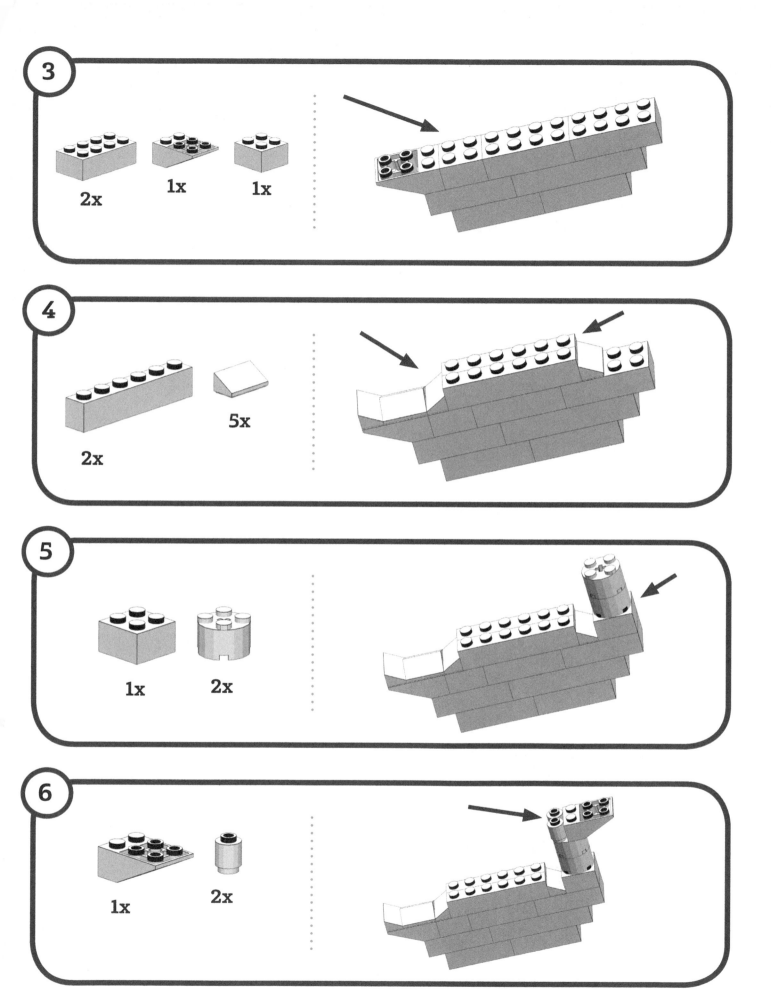

7

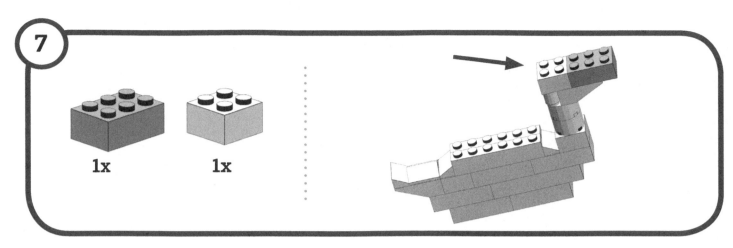

1x 1x

8

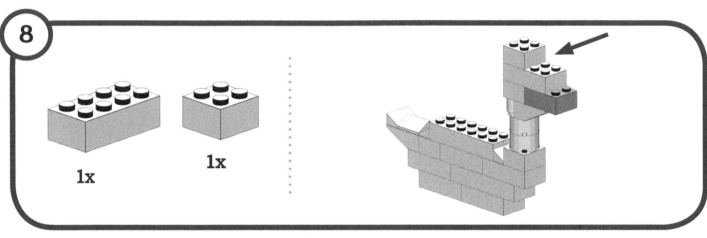

1x 1x

Build a Frog

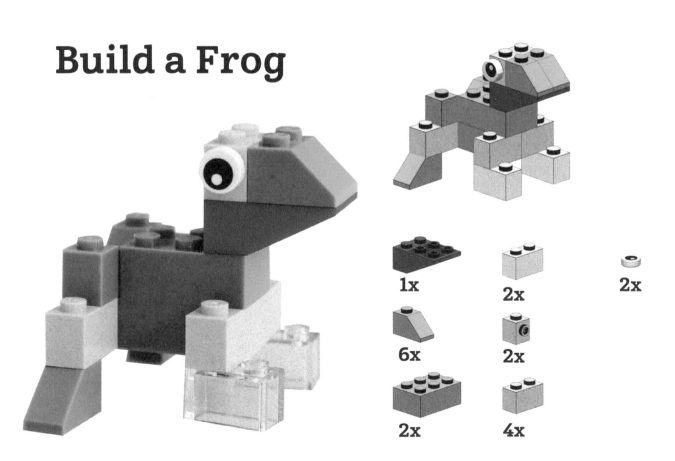

1x 2x 2x

6x 2x

2x 4x

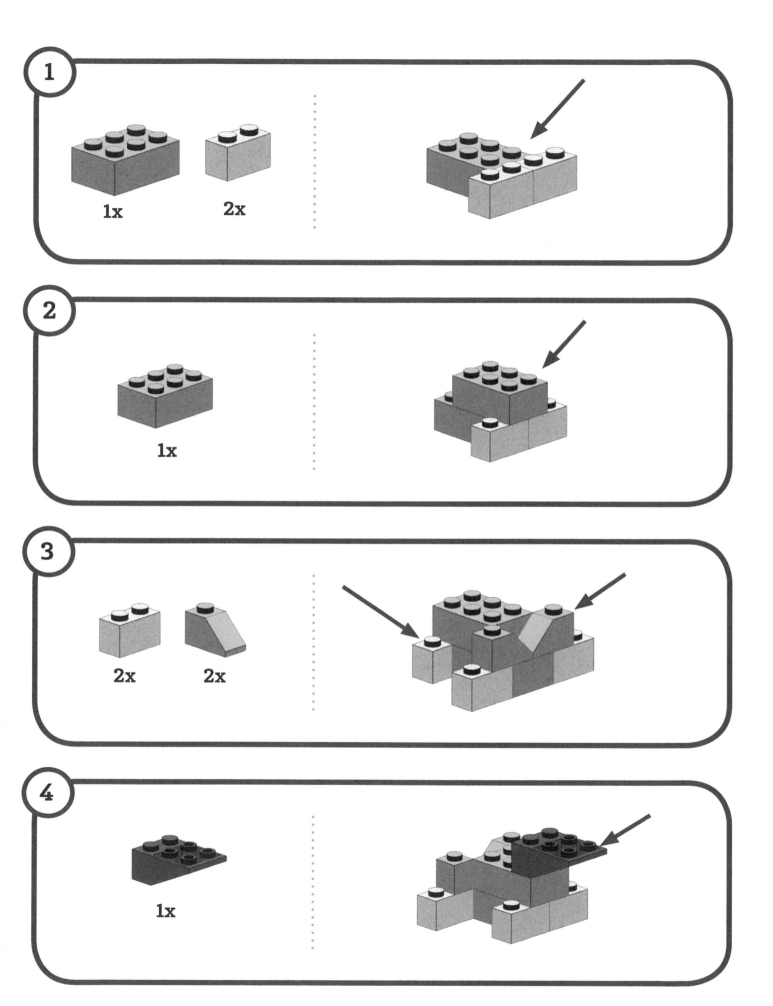

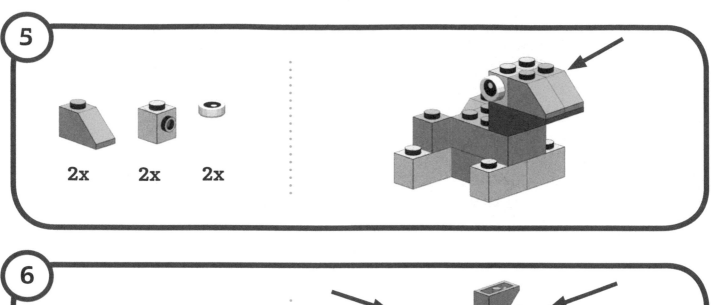

5

2x 2x 2x

6

2x 2x

Build a
Bumblebee

 2x

 2x

 2x

1

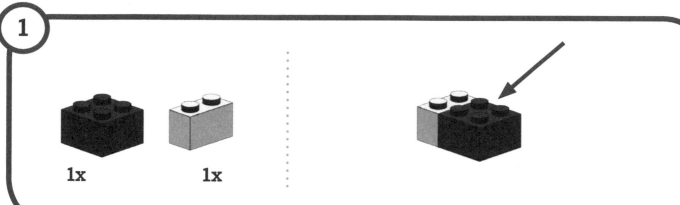

1x   1x

2

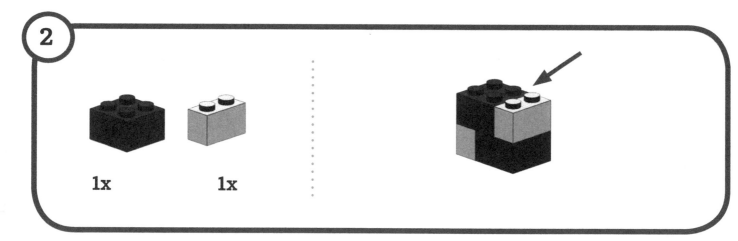

1x   1x

3

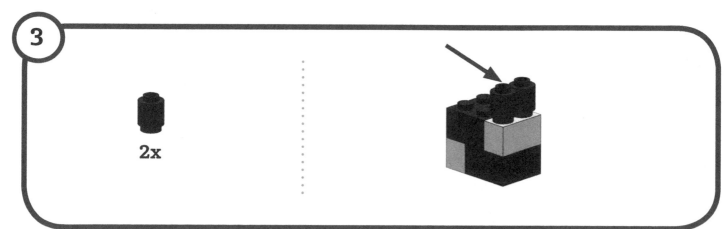

2x

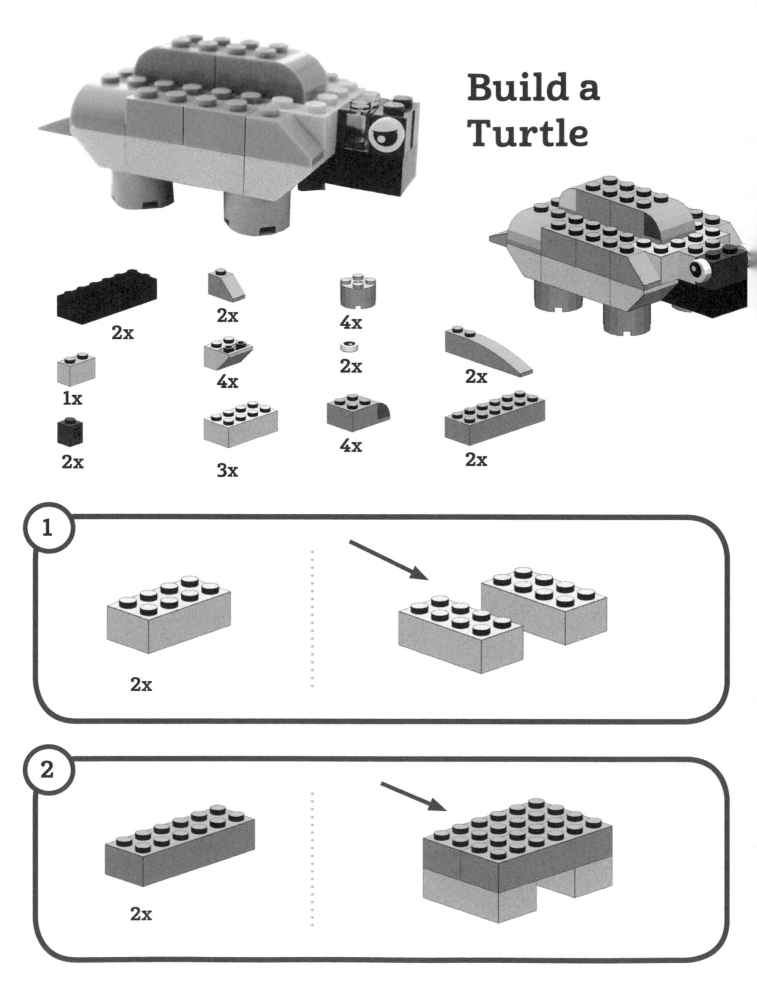

Build a Turtle

2x

1x

2x

2x

4x

4x

2x

2x

3x

4x

2x

1

2x

2

2x

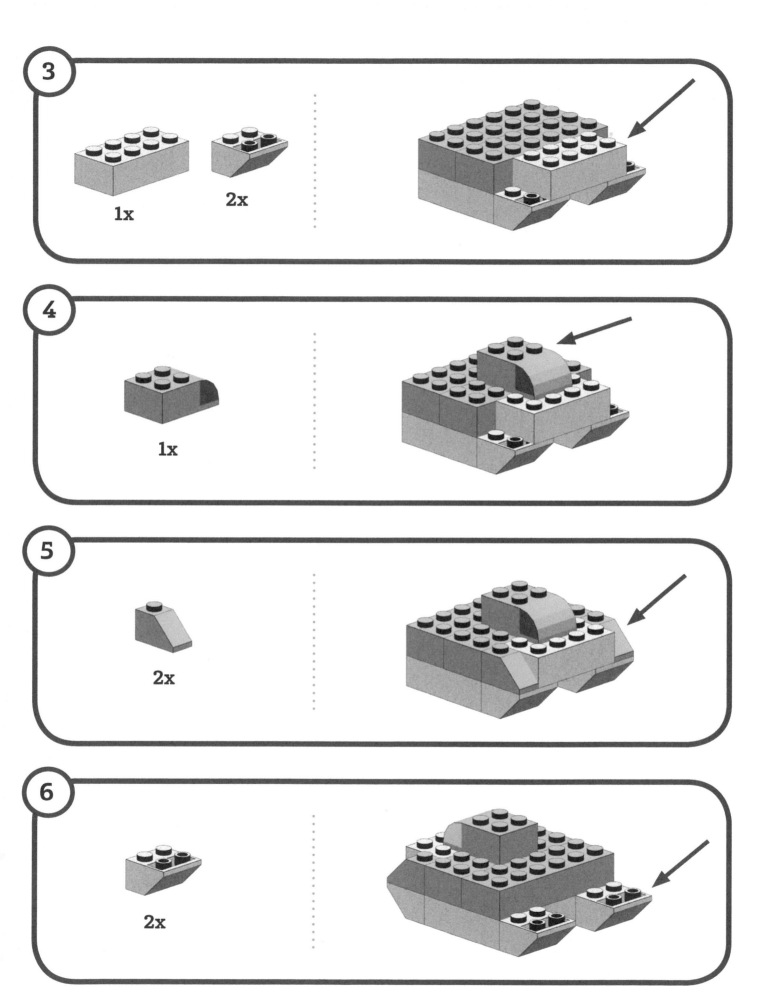

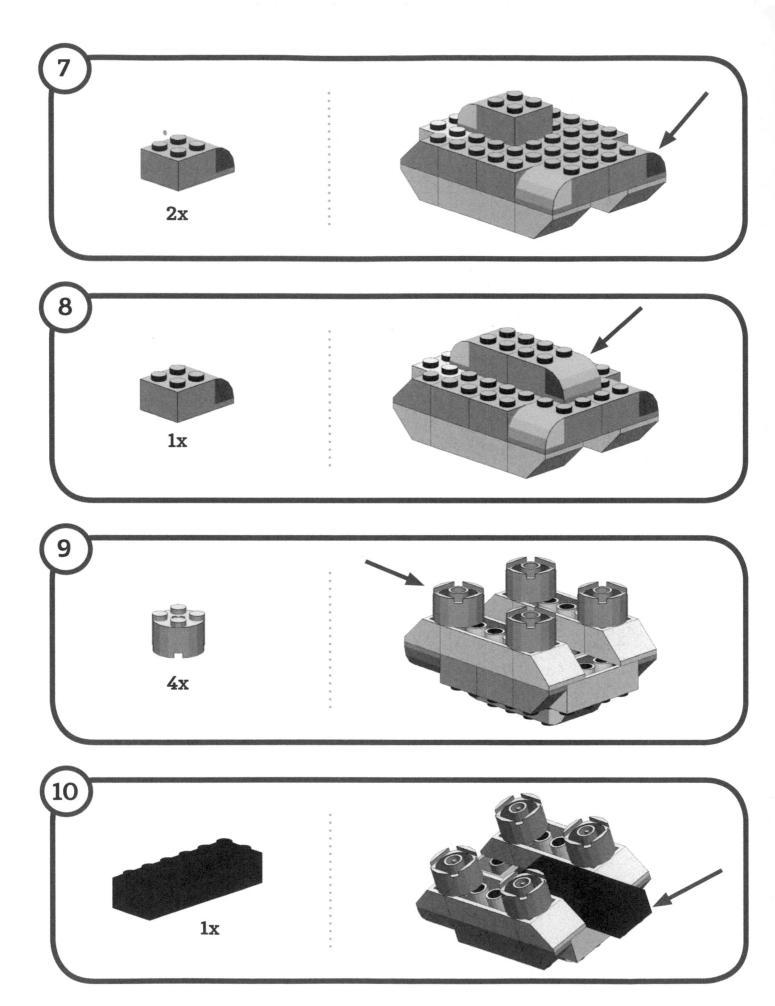

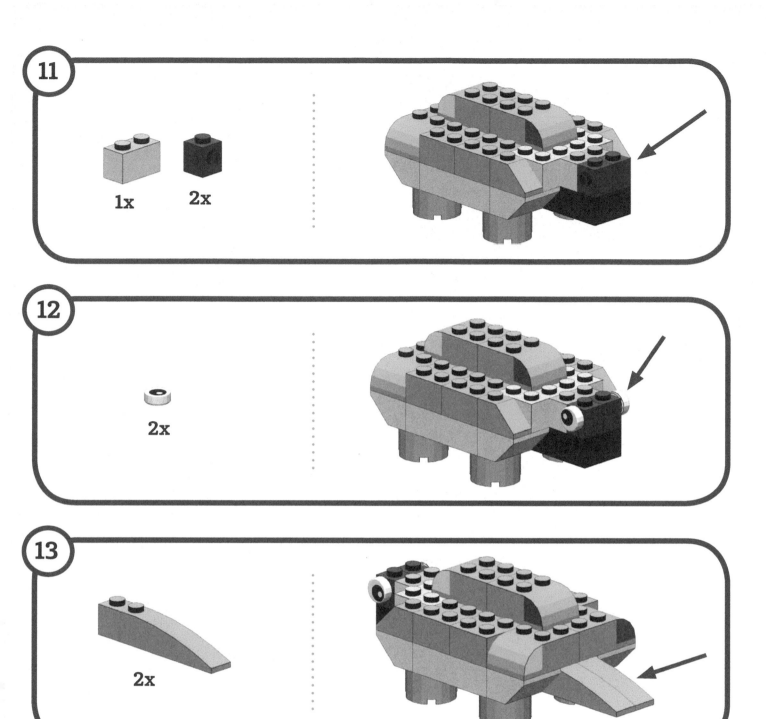

Build a Duck

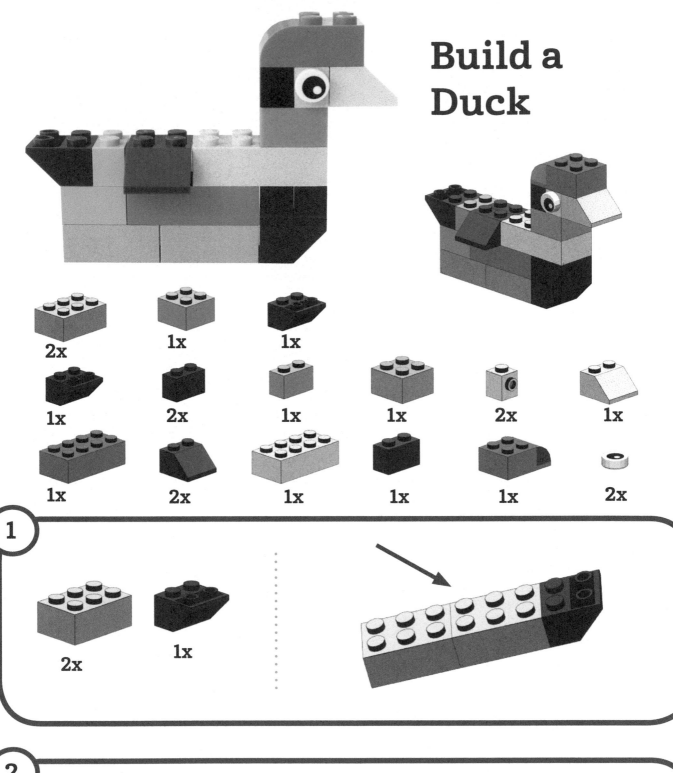

1

2x 1x

2

1x 1x 2x

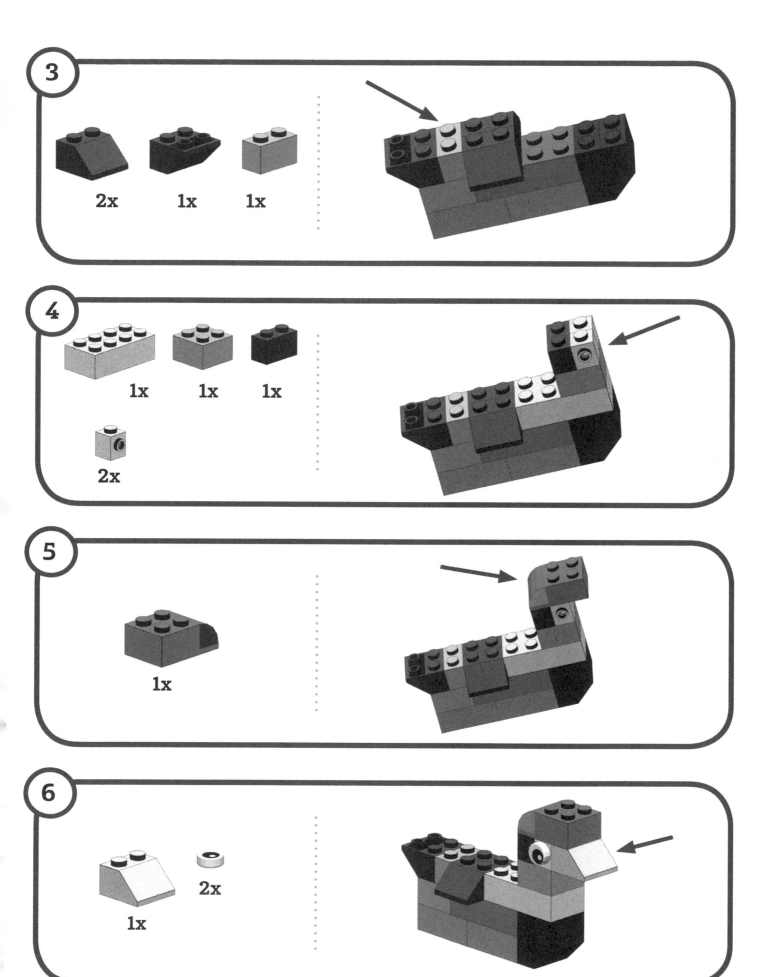

3

2x   1x   1x

4

1x   1x   1x

2x

5

1x

6

2x

1x

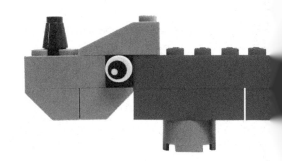

Library of Congress Control Number: 2016946780
International Standard Book Number: 978-1-943328-80-2 (softbound) | 978-1-513260-38-9 (e-book) | 978-1-513260-42-6 (hardbound)

Designer: Vicki Knapton

Graphic Arts Books
An imprint of

GRAPHIC ARTS
BOOKS®

P.O. Box 56118
Portland, OR 97238-6118
(503) 254-5591
www.graphicartsbooks.com

The following artists hold copyright to their images as indicated: Animal Safari on pages 6-7: GraphicsRF /Shutterstock.com; Transportation Station on pages 22-23, back cover: KID_A/Shutterstock.com; Living Room on front cover, pages 1, 42-43: Igogosha/Shutterstock.com; City Living on front cover, pages 52-53: hugolacasse/Shutterstock.com; Pond in a Park on pages 74-75: graphic-line/Shutterstock.com.

The author thanks the LDraw community for the parts database it makes available, which is used for making instructions found in the book. For more information on LDraw, please visit ldraw.org.

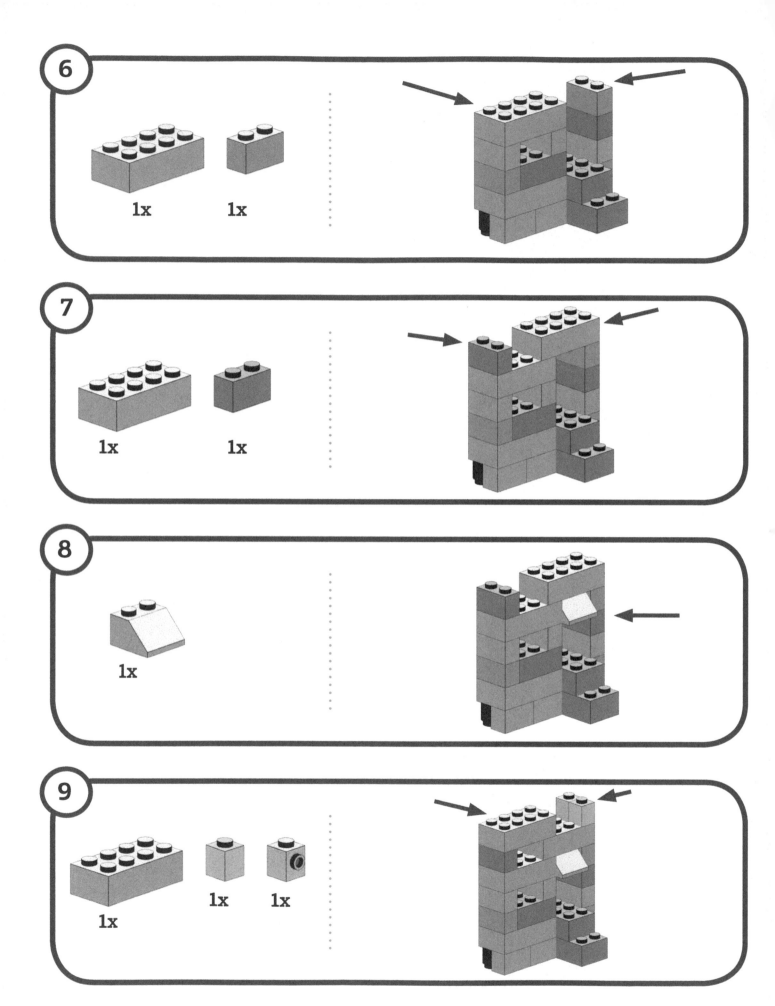

CPSIA information can be obtained
at www.ICGtesting.com
Printed in the USA
BVOW05s0540251116
468665BV00008B/12/P